CATALOGUE
DES LIVRES
DE FEU
Mʳ BRIOT.

A PARIS,

M. DC. LXXIX.

AVIS.

ON avoit prétendu faire faire ce Catalogue, suivant l'ordre des Matieres que feu Monsieur BRIOT y avoit donné pour son usage; & qui se fust peut-être trouvé agreable & utile au Public, si ceux qui y ont été emploïez, eussent seulement suivi l'ordre de ses Tablettes: mais au contraire, tout en a été tellement broüillé, qu'on a eu peine à y pouvoir donner quelque forme raisonnable. On a choisi celle-ci, afin que ceux qui voudront soit la Bibliotheque entiere sans les Anglois, soit avec les Anglois ou des matieres separées, puissent faire leurs offres & encheres.

Ces Livres sont au Fauxbourg S. Germain, à l'Hôtel de la Tremoille, proche la Basse-Court de Luxembourg, où demeuroit feu Monsieur BRIOT, & on les pourra voir plus commodément le matin, mais toûjours à coup seur à toute heure, en avertissant audit Hôtel.

Les Livres sont tres-bien conditionnez & des meilleures Editions, & les Sçavans en reconnoîtront aisément le bon choix.

CATALOGUE
DES LIVRES
DE FEU
Mʳ BRIOT.

THEOLOGIENS in folio.

BIBLIA Sacra Polyglotta, 6. volumes, fol. maroquin, *Londini* 1657.
Biblia Critica, fol. 12. vol. 1660.
Biblia Sacra Sixti quinti, fol. 2. vol. *Roma Vatican* 1512.
Biblia Sacra Tremellii & Junii, fol. 2. vol. *Hannoviæ Wekel* 1596.
Biblia Sacra Germanica, fol. maroquin, *Basileæ* 1665.
Biblia Sacra Italiana Diodati, fol. *Geneva* 1641.
Biblia Sacra Ferrarefca Efpañola, fol. *Hollande* 1537.
Bible Françoife par Defmarefts, fol. 2. vol. grand pap. maroquin, 1669.
Bible Françoife par Diodati, fol. *Geneve* 1644.
Bible Françoife par Juillero , fol. *Lyon* 1603.
Novum Teftamentum Græcum Roberti Steph. fol. 1550.
Novum Teftamentum Græcum Bezæ, fol. *Cantabrigiæ* 1642.
Theatrum Terræ Sanctæ, Andrichomii, fol. *Coloniæ* 1628.
Bocharti Phaleg Geographia facra, fol. *Cadomi* 1646.

Catalogue des Livres

Ejusdem de Animalibus, &c. grand pap. fol. *Londini* 1643.
Cronologia Sacra, fol. *Vitré* 1662.
Geographia Sacra, Autore Carolo à Sancto Paulo, Abbate Fuliens, fol. grand pap. *Cramoisy* 1641.
Pontificale Romanum, fol. *Venetiis* 1582.
Pontificale Romanum, fol. *Parisiis* 1664. cum figuris 1633.
Ceremoniale Episcoporum, fol. cum figuris, *Parisiis*.
Photii Bibliotheca, carta magna, fol. *Rothomagi* 1655.
Alvares Pelagius de planctu Ecclesiæ, fol. *gottique*.
Vossius de Idololatria, fol. 2. vol. *Hollande*.
Nicolaus de Cusa, fol. *Basileæ* 1665.
Albertinus de Eucharistia, fol. *Deventriæ* 1655.
Possevini Bibliotheca & Apparatus sacer, fol. 2. vol. *Coloniæ* 1607.
De Dominis de Republica Christiana, 3. vol. *Londini* 1617.
Pandectæ Canonum Apostolorum, fol. 2. vol. *Londini*.
Catalogus Testium veritatis, fol.
Eusebii Historia Ecclesiastica, fol. Gr. Lat. *Genevæ* 1612.
Eusebii Historia Ecclesiastica Valesii, fol. 3. vol. *Parisiis*.
Valesii Socratis & Sozomeni Historia Ecclesiastica, fol.
Codex Canonum Justelli, fol. Gr. Lat. *Parisiis* 1661.
Origines Ecclesiasticæ Montacuti, fol. *Londini* 1636.
Nicephori Historia Ecclesiastica, fol. 2. vol. Gr. Lat. *Parisiis Cramoisy* 163.
Concilia Generalia Binii, fol. 9. vol. *Coloniæ*.
Concilium Tridentinum, *Louvanii*, fol. maroquin 1567.
Concilia Galliæ Sirmondi, fol. 3. vol. *Parisiis Cramoisy* 1629.
Historia Concilii Florentini, fol. *Hagæ-Comitis* 1660.
Historia del Concilio Tridentino, fol. maroquin *Londini* 1619.
Chemnicius in Concilium Tridentinum, fol. *Francofurti* 1596.
Spelmannus in Concilia Anglicana, fol. 2. vol. *Londini* 1664.
Concilium Illiberitanum, fol. Mendosæ *Lugduni* 1665.
Acta Synodi Dordrecti habitæ, fol. *Elzevir* 1620.
Cronicum Canonum Ægyptiacum, fol. 1672.
Clementis Alexandrini Opera, fol. Gr. Lat. carta magna *Parisiis* 1641.
Justini Opera, fol. Gr. Lat. *Parisiis, apud Sonium* 1615.
Athanasii Opera, fol. 2. vol. Lat. itidem, *Sonius* 1627.
Irenæi Opera Feuardentii, fol. *Coloniæ Agrippinæ* 1625.
Sancti Cypriani Opera Rigaltii, fol. *Parisiis* 1648.

de feu M^r. Briot.

Epiphanii Opera Petavii, fol. 2. vol. *Parisiis Sonius* 1622.
Tertulianus Rigaltii & Pamelii, fol. 2. vol. *Parisiis* 1641.
Optanus Albalpinæi, fol. *Parisiis Sonius* 1631.
Gersoni Opera 2. *Parisiis la grande Navire* 1606.
Annales Baronii, fol. 12. vol. *Roma* 1607.
Baronii Martyrologium Romanum, fol. *Plantin* 1613.
Casauboni animadversiones in Baronium, fol. *Londini* 1614.
Centuria Magdeburgensis, fol. 13. vol. *Colonia Basilea* 1562.
Trithemi Opera, fol. 2. vol. *Francofurti Vekel* 1601. & *Moguntia* 1606.
Picolomini Epistolæ & Commentarii, fol. *Mediolani* 1506.
Forbesii Historia Evangelica, fol. *Amstelodami* 1645.
Marca de Concordia, fol. carta magna, *Parisiis* 1663.
Philo Judæus, fol. *Parisiis la grande Navire* 1640.
Ravanelli Bibliotheca Sacra, fol. 3. vol. *Geneva* 1660.
Vivis Opera, fol. 2. vol. *Basilea* 1555.
Bibliotheca Sixti Senensis, fol. *Parisiis* 1610.
Ciaconius de vitis Pontificum, fol. grand papier, *Roma Vatican*, 1630.
Platina de vitis Pontificum, fol. *Colonia* 1568.
Journal de Saint Amour, fol.
Predeaux Lectiones, fol. *Oxonia* 1648.
Joseph, de la traduction de Monsieur Arnaud, fol. 2. vol. *Paris Petit*.
Usserii Annales, fol. 2. vol. *Londini* 1650.
Eugubini Opera fol. 3. vol. *Parisiis Sonius* 1577.
Pici secundi Epistolæ, fol.
Seldenus de Jure naturali, fol. *Londini* 1640.
Bibliotheca fratrum Polonorum, sive scripta Socinianorum in Sacram scripturam, fol. 10. vol. *Ireno & Eleutheropoli* 1656.
Vitacherii Opera, fol. 2. vol. *Geneva* Crespin 1610.
Divi Hieronymi Stridonensis Epistolæ, cum Scholiis Erasmi, fol. *Parisiis* 1546.
Calvini Epistolæ, fol. *Geneva* 1617.
Institution Chrestienne de Calvin, fol. *Geneve Perrin* 1666.
Æneas Sylvius, fol. *Basle Henry Petre*.
Blondel de la Primauté de l'Eglise, fol. grand pap. *Geneve Chouet* 1641.
Nouveauté du Papisme, fol. *Sedan Ieannon* 1627.

A ij

Buceri scripta Anglicana ad Euchariſticas Controverſias, fol. *Baſileæ* 1577.
Index librorum prohibitorum, fol. 2. vol. *Madrid & Rome* 1667.
Ars caballiſtica Rivii, fol. 2. vol. *Baſle, Henry Pêtre.*
Volphius lectionum Memorabilium, fol. 2. vol. 1600.
Alcoran Mahometheus, fol. 1550.
Vadianus de Euchariſtia & Zuinglii & Oecolampadi Epiſtolæ, fol.
Onus Eccleſiæ, fol. anno 1531.
Melanctonis Mori, Vivis & Eraſmi Epiſtolæ, fol. 2. vol. *Londini* 1642.
Hoſpiniani opera, fol. 6. vol. *Tiguri.*
Gallia Chriſtiana fol. 4. vol. *Pariſiis* 1656.
Libertez de l'Egliſe Gallicane avec les preuves, fol. 3. vol. *Cramoiſy* 1651.
Calvini opuſcula, fol. *Geneva* 1612.

THEOLOGIENS ANGLOIS in folio.

ROchs adminiſtratio Sacramenti, fol. en Anglois.
Hookers of the Lawes, of Eccleſiaſtical politie, fol. London.
Rationnal Account of Proteſtant Religion Stilingfleets, fol. *London* 1665.
Heylyns hiſtory of reformation, of the Curch, of England, fol. *London* 1661.
Cyprianus Anglicus Heylyns, fol. *London* 1668.
Heylyns hiſtory of Epiſcopacy.
Ushers Body of Divinity, fol. *London.*
The Book of common Prayer, fol. *London* 1636.
Thomæ Fullers Piſgah ſight of Paleſtine, fol. *London* 1650.
Fullers Churchs hiſtory, fol. *London* 1655.
Fullers Worthies of England, fol. *London* 1662.
Fullers Holy ſtate, fol. *Cambridge* 1642.
Mores myſtery of Godlineſſ, fol. *London* 1664.
Mores myſtery of iniquity, fol. *London* 1664.
Mores à collection of Several philoſophical writings, fol. *London* 1662.

Wottons

de feu Mᴿ Briot.

Wottons ſtate of Chriſtandom, fol. *London* 1657.
The hiſtory of S. Pauli Cathedral. By William Dugdale, fol. 1668.
Spotſwoods hiſtory, of the Church, of Scotland, fol. *London* 1655.
Hakevilles apologie, of the proweraud Providence of God, fol. *London* 1635.
Howards deffenſative, of ſuppoſed Propheties, fol. 1620.
Dees Relation of his actions With Sprits, fol. *London* 1665.
Democritus Junior the anathomy, of Melancholy, fol. *Oxford* 1638.
Digby of the immortality, of ſoules, fol. *Paris* 1644.
Scots Diſcovery of Witcheraſt, fol. *London* 1665.
Eccleſia reſtaurata By Heylyn, fol. *London*.
Pagits Chriſtiano Graphy, fol. *London* 1640.
Obes Leviathan, fol. *London* 1651.
Chillingwort the Religion, of Proteſtants, fol. *Lond.* 1638.

THEOLOGIENS in quarto.

BIBLIA Sacra, *Vitré* 4. maroquin 1666.
Nouveau Teſtament de Mons, 4.
Cartwricht Harmonia Evangelica, 4. *Lugduni Batav.* 1647.
Buxtorphi Diſſertationes, 4. *Baſileæ* 1662.
Buxtorphi liber Coſri, 4. *Baſileæ* 1660.
Buxtorphi Exercitationes, 4. *Baſileæ* 1649.
Buxtorphus de ſponſalibus, 4. *Baſileæ* 1652.
Buxtorphus in Talmud Judæorum, 4. *Heydelbergæ* 1665.
Sculteti medulla Theologica, 4. *Neapoli Nemetum* 1665.
Antiquitates Eccleſiarum Britannicarum, 4. 1639.
Uſſerii Tractatus varii, 4. *Dublinii* 1631.
Volchelius de vera Religione, 4.
Arnoldus in Religionem Socinianam, 4. 1654.
Eniedinus in vetus & novum Teſtamentum, 4.
Voetii electæ Diſputationes Theologicæ 4. *Vltrajecti* 1648.
Cirellii Ethica Chriſtiana, 4. *Selenoburgi.*

B

Syngramma Thesium Salmuriensium 4. *Saumur* 1644.
Placæi Disputationes, Christum prius fuisse quàm in utero Virginis, *&c.* 4. *Saumur* 1649.
Placæus de Divina Christi Essentia, 4. *Saumur* 1656.
Placæi Opuscula, 4. *Saumur* 1656.
Censura librorum Apocryphorum, 4. 2. vol. *Oppenheim* 1606.
Raynoldius de Idololatria, 4. *Oxoniæ* 1596.
Origenes contra Celsum, 4. *Cantabrigiæ* 1658.
Apologeticus Tertuliani, 4. Plantin 1613.
Arnobius adversùs Gentes, 4. *Lugd. Batav.* 1661.
Minutius Felix, 4. *Lugd. Batav. Ouzeli* 1652.
Vossius de Septuaginta Interpretibus, 4. *Haga-Comitum* 1661.
Vossii harmoni Evangelica, 4. *Amsteodami* 1656.
Vossius de Baptismo, 4. *Amstelodami* 1646.
Vossii Theses Theologicæ, 4. 1658.
Vossii Historia Pelagiana, 4. *Amstelodami* 1655.
Vossius de Genealogia Christi, & de tribus Symbolis, 4. 1644.
Salmasius de Primatu Papæ, 4. 1645.
Cappelli vindiciæ, *&c.* 4. *Francofurti* 1669.
Ludovici de Dieu, Historia Christi, 4. 2. vol. *Lugd. Bat.* 1639.
Ignatii Epistolæ per Vossium, 4. *Amstelodami* 1646.
Polycarpi & Ignatii Epistolæ, Usserii, 4. *Oxoniæ* 1644.
Ignatii Epistolæ per Videllium, 4. *Geneva* 1613.
Vindiciæ Epistolarum sancti Ignatii, 4. *Cantabrigiæ* 1672.
Clemens ad Corinthios per Patricium Junium, 4. *Oxoniæ* 1633.
Parcher de Deo, 4. *Londini* 1663.
Cœlum Orientis, 4. *Oxoniæ* 1657.
De Religione Gentilium Herbert Cherbim, 4. *Amstelodami* 1663.
Horæ Hebraïcæ & Talmudicæ, 4. 3. vol. *Cantabrigiæ, Parisiis Varenne* 1661.
Jonæ codex Talmudicus, 4. *Londini* 1648.
Durandi Rationale divinorum Officiorum, 4. *Venetiis* 1568.
Elenchus Hæreticorum, 4. *Coloniæ* 1605.
Coccii Censura Patrum aliquot, 4. *Londini* 1614.
Vareus de Scriptoribus Hyberniæ, 4. *Dublinii* 1639.
Bellarminus de Scriptoribus Ecclesiasticis, 4. *Lugd.* 1613.
Apologia Gersoni, 4. *Lugd. Batav.* 1676.
Theologia Moscovitica, 4. 1582.
Hersterberg Ecclesia Valdensium, 4. *Argentorati* 1668.

Ernestus de variis Religionis Dissertationibus, 4. 1667.
Spanhemii dubia Evangelica, 4. *Geneva* 1654.
Wendet de vitâ Functorum statu, 4. *Londini* 1663.
Vorstius de Deo, 4. 1610.
Usserii Cronologia sacra Barlow, *Oxoniæ* 1660.
Albalespini de veteribus Ecclesiæ Ritibus, 4. *Parisiis Sonius* 1622.
Georgii veneti Problemata, 4. *Lutetiæ* 1622.
Fialetti Histoire de l'Institution des Ordres Religieux, 4. *Paris* 1658.
De Cruciatibus Martyrum, Galenius, 4. *Parisiis* 1659.
Corpus Confessionum fidei, 4. *Geneva* 1654.
Trithiemius de Scriptoribus Ecclesiasticis 4. *Coloniæ* 1556.
Histoire de la Confession d'Ausbourg, 4. *Antuerpiæ* 1682.
Macarius Abraxas cum figuris, 4. *Plantin* 1657.
Hornei Compendium Historiæ Ecclesiasticæ, 4. *Brunswick* 1647.
Historia Ecclesiastica Capelli, 4. *Sedan Jeannon* 1622.
Historia Apostolica Capelli, 4. *Geneva* 1639.
Tortura Torti 4. *Londini* 1609.
Harmonia Confessionis fidei, 4. *Geneva* 1581.
De Suburbicariis Ecclesiis Authores varii, 4. *Francofurti* 1618. *Nivele* 1619.
Maymonides de Sacramentis, 4. *Heydelbergæ* 1672.
S. Coch tituli duo Tamuldici, 4. *Amstelodami* 1629.
Leo Alatius de Templis Græcorum, 4. *Coloniæ Agripp.* 1665.
Les Oeuvres de saint Cyprien en François, 4. *Lambert Paris* 1671.
Réponse de Monsieur Claude à la perpetuité de la Foy de Monsieur Arnaud, 4. 1670.
Histoire de l'Eucharistie de la Roque, 4. *Amsterdam* 1668.
De Dominis, de pace Religionis, 4. *Vesuntione* 1646.
Réponse à Monsieur Arnaud, 4. 1668.
Réponse aux préjugez, 4. 1673.
Réponse aux Constitutions d'Innocent X. 4. 1605.
Pseudo-Isidorus Blondelli, 4. *Geneva* 1628.
Blondel des Sybilles, 4. 1649.
Blondelli Diatribæ de Usu formulæ, 4. *Amstelodami Blaeu* 1646.
Apologia de Episcopis & Presbyteris Blondel, 4. *Amstelodami* 1646.
Eucharisticon Sirmundi, 4. *Parisiis* 1611.

Dallæus de Confessione Auriculari, 4.
Dallæus de Pœnis & Satisfactionibus, 4. *Amstelodami* 1649.
Dallæus de cultu Religionis, 4. *Geneva* 1664.
Dallæus de cultu Religioso, opus posthumum, 4. *Geneva* 1671.
Dallæus de Unctione, 4. *Geneva* 1659.
Dallæus de scriptis Dionysii Areopagitæ, & Ignatii Antiochæni, 4. *Geneva* 1666.
Dallæus de usu Patrum, 4. *Geneva* 1656.
Replique au P. Adam par Daillé, 4. *Varenne* 1663.
Discours des Tabernacles, Dacquin, 4. *Paris* 1613.
Mori Opuscula varia, 4. *Medioburgi* 1653.
Erastus de Excommunicatione, 4. *Pesclavii* 1589.
Seyssellus adversus Valdensium errores, 4. imprimé sur vellin *Paris* 1520.
Jus Belgasum, 4. parchemin.
Molinæi Parænesis, 4. *Londini* 1656.
Satanæ stratagemata, 4. *Basileæ Perna* 1565.
Calixtus de conjugio Clericorum, 4. *Francofurti* 1655.
Hesichen Kirchen Ordnung, 4. en Allemand, *Cassel* 1657.
Flavianus de fulmine, 4. *Eleutheropoli* 1651.
Bellum Papale, 4. *Londini* 1660.
De la Discipline des Eglises Reformées, 4. 2. vol. 1656. Huissers *Saumur* 1666.
Mysteria Hollandica, 4. *Holderi Duvocortori* 1618.
Acta Synodi Dordracenæ, Herderwiie, 4. 1620.
Actes authentiques de Blondel, 4. *Amsterdam* 1655.
Delrio Disquisitiones Magicæ, 4. *Col. Agripp.* 1633.
Francisci Modii totius Cleri habitus, 4. *Francofurti* 1685.
Marculfi formulæ, 4. *Cramoisy* 1666.
Sidonius Appollinaris Sirmundi, 4.
Philastrius de Hæresibus, 4. *Helmstadi* 1611.
Sixti Amamæ Antibarbarus Biblicus, 4. *Franekera* 1656.
Historia Anabaptistica, 4. *Basileæ* 1672.
Bebelli Antiquitates Ecclesiæ, 4. *Argentorati* 1669.
Morales des Jesuites, 4. *Mons*.
Guillelmus de sancto Amore, 4. *Constantiæ* 1632.
Nicolaus de Clemangis, 4. *Lugd. Bat.* 1613.
Abelardi Epistolæ, 4. *Parisiis* 1616.
Denys Raymon, 4. parties, 4. *Cologne* 1660.
Pitsæus de Scriptoribus Anglicis, 4. *Cramoisy* 1619.
Godwinus

de feu MR Briot.

Godwinus de Prælatis Angliæ, 4. *Londini* 1616.
Bulli harmonia Ecclesiastica, 4. *Londini* 1670.
Irenæus Philadelphus de motibus Angliæ, 4. 1641.
De statu Ecclesiæ in Anglia, 4. *Dantisci* 1647.
Forbesii Parænesis, 4. *Aberdoniæ* 1636.
Veteris & novi Testamenti figuræ, 4. *Mariette*.
Preadamitæ, 4. 1655.
Papirius Masso de Episcopis, 4. *Nivelle* 1586.
Concordia scientiæ cum fide Bonartis, 4. 1665.
Philosophia Sacræ scripturæ Interpres, 4. 1666.
Ludovicus de Dieu, in Epistolas, Acta Apostolorum, 4. *Elzevir* 1634.
Lux in tenebris, 4. 1657.
Tractatus Theologico-Politicus, 4. *Hamburgi* 1670.
Vita Fausti Socini, 4. manuscripta.
Notæ in libellum Martini Simglecii Jesuitæ, 4. *Racoviæ* 1614.
Guillelmus Postel, de Nativitate Mediatoris, 4.
Philostorgii Historia à Constantino Magno, 4. *Geneva* 1643.
Seldenus uxor Hebraïca, 4. *Londini* 1646.
Eutichii Origines Seldeni, 4. *Londini* 1642.
Relatione dello stato della Religione tradotta d'all'Inglese di Sandis, 4. 1625.
...lli Historia Sacra, 4. *Sedani* 1613.
...merarii Meditationes Historicæ, 4. *Francofurti* 1624.
Herbertus de Veritate, 4. *Londini* 1645.
Panciroli nova Reperta, 4. *Francofurti*.
Roma finalis anno 1666. 4. *Londini* 1655.
Politica sacra & civilis, 4.

THEOLOGIENS ANGLOIS in quarto.

MILTHON du Divorce, 4.
New Anglish Canaam, 4. *Amstelodami* 1637.
The Rockes, of Christian shipwracke, *London* 1618.
De Dominis his Shiftringe in Religion, 4.
Gilespie Aarons Rod. Blossoming, 4. *Lond.* 1606.
Shadwell the swnovist a cemedy, 4. *Lond.* 1671.

Catalogue des Livres

An Elegant difcours clavervell, 4.
Gravants obfervations, 4. *Lond.* 1662.
Harvei new Philofophy, 4. *Lond.* 1666.
Enquiries touching the diverfity of langage and Religion, 4. *Lond.* 1655.
Dailly Obfervations & Meditations divines, Morales, 4. 1634.
Nah quartinio 4. *Lond.* 1633.
English Schotifing & dangeroux pofitions, 4. *London* 1595.
A Refutation, of an Epiftle by a Puritan papifte 4. *London* 605.
A Pack of Puritans, 4. *Lond.* 1641.
Te catholikes fupplications for toleration, of catholike Rel. 1603.
Heylyn a Briete anfwer, to the feditions of Henry Barton, 4. *Lond.* 1637.
A declaration of thad Paradox, 4.
Lancelot thuvo anfwers, to Cardinall du Perron tractatus varii, 4. *Lond.* 1629.
Smith felect difcourfes, 4. *Lond.* 1660.
Thaylor the great exemplar of fanctity, 4. *Lond.* 1649.
A Brief ond moderate, 4. *Anvers.*
No preexiftence of humane fouls, 4. *Lond.* 1667.
Letters off refolutions concerning origen, 4. *Lond.* 1661.
The apoftafy mede of Demons 4. *Lond.* 1654.
Hokker of the lawes, Ecclefiaftical Politie, 4.
Stilingfleet Irenicum, 4. *Lond.* 1662.
Wems the chriftiam finagogue, 4. *Lond.* 1623.
Workes, 4. vol. 1636.
Milthon paradife Regaing, 4. *Lond.* 1671.
Tho the Right, 4. 1609.
The divin Rigth, of curch gouvernement, 4.
Avertiffement, 4.
Gattacher of lots, 4. *Lond.* 1627.
Gattacher a difcuffion, of the popiftch doctrine, of Tranfubftantiation, 4. *Lond.* 1624.
Religion of the Benjans, 4. *Lond.* 1630.
Heylin antidotum lyncolnieufe, 4. *London* 1637.
Ecclefia vindicata or the carch, of England juftified, 4. *London* 1657.
Heylin hiftoria quinqu' articularis, 4. *Lond.* 1665.
Hall Golden Remins, 4. *London* 1659.

Sir Lucius cary late lord viscount, of falkand, Reply his discour-
ses, of infallibility, 4. *London* 1651.
Mountagu upon selden, of Tithes, 4. *London* 1621.
Brief viiew and suriiey, of the pernicious errous, at the theater, 4.
1676.
The Questions and chame, 4.
Cudworth a discours concerning the true notion, 4. *London* 1642.
Of the honor, of Gods Houses, 4. *London* 1637.
The stumblind Block of desobediance and Rebellion, *London*
1658.
The Truth of three tings, 4. 1653.
With a Threntice of the Sabattaday, 4. *London* 1657.
And examination, and consultation of a lamielesspan; hılet, 4.
Cade a justification, of the Church, of England, 4. *London*
1650.
The ahtar disput, 4. *London* 1641.
Pocklington tunday no sabath lennons, 4. *Lond*. 1636.
Episcopacie By divine Righ, 4. *London* 1640.
Prynes of Ecclesiasticall Jurisdiction, 4. *London* 1645.
Prynes a Plea of Protest Made & tractatus alii, *London* 1648.
A new discovery, of the Prelates Tyranni, 4. 1641.
The Romanie Conclave, 4. *London* 1609.
Milthon the tenure, of tings and Magistrates & ei conoclastes, 4.
London 1649.
The history of dependency, 4. 1650.
A Brief and perfect relation, of the an sinbes, of Ibrahor, 4. *Lond*.
1647.
Præadamitæ, 4. 1958.
Colluvies Quackerorum Zentgrafii, 4. *Argentorati* 1665.
Usheri Armachani Disquisition touching the Asia propuly, 4.
Oxford. 1643.
The Dook of common Prayer, 4. *London* 1641.
A tract concerning Schisme, 4. *London* 1642.
Bible en Anglois, 4.
Novum Testamentum Gotticè Anglo-Saxonicum, 4. *Dordrecti*
1665.
Usserii opuscula Anglica, 4.
Abul Pharragii historia Dynastiarium, 4. *Oxoniæ* 1663.
Vindiciæ Academicorum, 4.
Origenes sacræ, 4. *London* 1662. Stilingfleet.

THEOLOGIENS in Octavo.

MAILLARDI Sermones, gothique, 8. *Jean Petit.*
Baleus de vitis Pontificum, 8. *Lugduni Batavorum* 1615.
Theodorus Aniem, Historia sui temporis, 8. *Argentorati* 1609.
Camerarius de Ecclesia Fratrum in Bohemia & Moravia, 8. *Heydelb.*
Lasitii de Ecclesiastica Disciplina, 8.
Spenceri dissertatio de Urim & Tumim Deuteronom, 8. *Cantab.* 1670.
Schedius de Germania, 8. *Amstel.* 1648.
Seldenus de dis Syris Lipsiæ 1668. double, *Lugduni Batavorum* 1629.
Revision du Concile de Trente, 8. 1600.
Bureau du Concile de Trente, 8. 1586.
Usserius de Christianis Ecclesiis in Occidente, 8. *Hanoviæ* 1638.
Durantius de Ritibus Ecclesiæ, 8. *Rome Vatican* 1591. maroquin.
Psalterium Davidis, Vatabli, 8. *Rob. Estienne* 1556. Maroquin.
Usserius de Macedoniorum, & Asianorum anno Solari, 8. *Lond.* 1648.
Bochart de l'Invocation des Saints, 8. *Saumur* 1656.
Cassaudri Consultatio, 8. *Coloniæ* 1577.
Vocation des Pasteurs, 8. 1618.
Tractatus de Eucharistia Rotanii adversùs Goularsium, 8. 1608.
Bochart de conciliandis in Religionis officio Protestantium animis, 8. *Sedani* 1606.
Calvin des Reliques, 8. *Geneve* 1599.
Mestrezat de l'Ecriture sainte, 8. *Geneve* 1633.
Mestrezat de la Communion, 8. *Sedan* 1615.
Saint Augustin de la Cité de Dieu, 8. 2. vol. *Paris* 1675.
Salmasii Epistolæ de Cæsarie virorum, &c. *Elzevir* 1644.
Launoy Epistolæ, 8. 8. volumes.
Launoy de Scholiis, 8. *Paris* 1672.
Varanii gesta inter Catholicos & Donatistas, 8. *Paris* 1588.
Riveti animadversiones, Hugonis Grotii, 8. 1642.

Grotius

Grotius in consultationem Cassandri, 8. *Londini Batav.* 1642.
Hakspannii notæ Philologico-Theologicæ, 8. 3. vol. *Altorf* 1654.
Facundus Sirmundi 8. *Cramoify* 1628.
Paulini opera, 8. *Plantin* 1662.
Pauli Orosii Historia, 4. *Coloniæ* 1651.
Augustinus de Hæresibus, 8. *Vignon* 1576.
Jonæ Schlinctingii opuscula, 8. 1637.
Vochellius de solutione nodi Gordiani cum Gosclavio de Trinitate,
Irenicum Irenicorum, 8. *Racoviæ* 1613.
Disputatio de Adoratione Christi, 8. *Racoviæ* 1618.
Ostorodius, concessio fidei, Allemant Rakaw 1604.
Theologie Germanique, 8. *Plantin.*
Durellus Patronus bonæ Fidei contra Hierarchiam *Angleterre*, 1672.
Enluminures de l'Almanach des Jesuistes.
Nouveau Testament de Mons, grec, latin, françois, 8. 2. vol. 1673.
Bucanani Psalmi, 8 *Paris, Estienne.*
Lettres Provinciales avec les écrits des Curez, 8. *Cologne* 1666.
Montalti litteræ Provinciales, 8. *Coloniæ* 1658.
Réponse à l'Office du S. Sacrement, *Paris Lucas* 1665.
Réponse à la perpetuité de la Foy, *Cellier* 1665.
Réponse au Livre du P. Noüet, 8. *Amstelodami* 1668.
Cuneus de Republica Hebræorum, 8. *Elzevir* 1617.
Zepperi Explanatio Legum Mosaïcarum, 8. *Herborna-Nassoviorum* 1614.
Anglicæ præces.
Zepperus de Politica Ecclesiastica, *Herbornæ* 1595.
Fabula Præadamitarum *Argentorati*, 8. 1656.
Cent dix Considerations divines de Vald'essau.
Buxtorphi Synagoga Judaïca, 8. *Basileæ* 1661.
Lælius Socinus, in explicatione Joannis Evangelii, manuscrit.
Duarenus, de electione Ecclesiastica, 8. *Paris Vekel* 1657.
Cent cinquante Pseaumes de Marot, 8. *Paris le Roy* 1561.
Historia Remensis Flodoardi, 8. *Duaci* 1517.
Ochini Dialogi, 8. *Basileæ* 1563.
Hottingerri Historia Ecclesiastica, 8. 5. vol. *Hannoviæ* 1655.

Catechisme des Jesuites, 8. *Ville-Franche* 1602.
Goldastus de cultu Imaginum, 8. *Francofurti* 1608.
Scaligeri Elenchus, 8. *Franekeræ* 1605.
Serrarius de tribus sectis Judæorum, 8. *Moguntiæ* 1604.
Jerusalem & Rome au secours de Geneve, 8. *Sedan* 1621.
Historia Transubstantationis Papalis, 8. *Londini* 1675.
Sanderson de obligatione Conscientiæ, 8. *Londini* 1661.
Discursus de Polygamia, 8. *Friburgi* 1676.
Jugulum causæ, 8. *Londini* 1671.
Alexandri Mori notæ ad novum fœdus, 8. *Lond.* 1661.
Confessio fidei, 8. *Cambridge* 1655.
De Græcæ Ecclesiæ hodierno statu Epistolæ, 8. *Oxonii* 1676.
Illustrium Christi Martyrum Triumphi, 8. *Paris* 1660.
Consideratio Controversiarum ad regimen Ecclesiæ Anglicæ, 8. *Londini* 1644.
Analecta Historico-Theologica Hottingeri, 8. 1652.
Conformitez des Ceremonies anciennes avec les Modernes, 8. 1667.
Sancti Augustini de Prædestinatione & Gratia, 8. *Cramoisy* 1649.
Lactantii opera Variorum, 8. *Lugduni Bat.* 1660.
Escobar, de casibus Conscientiæ, 8. *Lugduni*.
Apologetique de Tertullien, 8. *Camusat* 1636.
Alcoran des Cordeliers, 8. *Geneve* 1560.
Apologie pour les grands hommes accusez de Magie, 8. *la Haye* 1653.
Taffin de l'estat de l'Eglise, 8. *Bergue-opson* 1605.
Apologie d'Herodote, 8. 1579.
Annales Sculteti, 8. *Heydelberg* 1618.
Riveti Criticus sacer, 8. *Geneve* 1642.
Disputatio de supposito, 8. *Francofurti* 1645.
Anatomie de la Messe, 8. *Sedan* 1636.
Acta Concilii Tridentini, 8. *per Calvinum* 1547.
Sylva Originum Anacorettarum Midendorpii, 8. *Coloniæ Agrippinæ* 1615.
Saracenica sive Moametica, 8. *Silburgii Comelin* 1595.
Psalmi Davidis, 8.
Boisius de veteris interpretis Evangelii collatione cum Beza, 8. *Londini* 1655.

de feu MR Briot.

Bartolus de fcriptis Danorum, 8.
Orbis Teraqui, 8.
Les Jefuites fur l'Echafaut, 8. *Leyde* 1648.
Deffence du nouveau Teftament de Mons, 8. *Cologne* 1668.
Novum Teftamentum Bezæ, 8. *Londini* 1579.
Dallæus de imaginibus, 8. *Elzevir* 1642.
Dallæi Apologia, 8. *Amftelodami* 1652.
Dallæus de jejuniis, 8. *Deventriæ* 1654.
Dallæus de Pfeudepigraphis Apoftoli, 8. *Hardervick*.
Dictionnaire de Theologie, *Crefpeim* 1560.
Queftion Theologique de Merfenne, 8. *Paris* 1634.
Picus Mirandulanus de Ludificatione Dæmonum, 8. *Argentorati* 1612.
Lini Tractatus de Infeparabilitate, 8. *Londini* 1661.
Valefii Philofophia facra, 8. *Francofurti* 1667.
Pfellius de operatione Dæmonum, 8. *Parifiis, Droüart* 1615. *Chaudiere* 1577.
Blondel de la fincerité des Eglifes Reformées, 8. *Sedan Jeannon* 1619.
Deffences de la Religion Reformée, contre la Ligue d'Angleterre 1650.
Jonftonus de Communione veteris Ecclefiæ, 8.
Recüeil des Cenfures de la Faculté de Paris.
Réponfe au livre du renverfement de la Morale.
La Place, de la Meffe, 8. 2. vol. *Geneve* 1629.
Blondel, de l'Euchariftie, *Quevilly* 1641.
Dumoulin, Examen de la doctrine de Meffieurs Amirault & Teftard.
De la Predeftination, *Amfterdam* 1638.
Saint Auguftin, des Mœurs de l'Eglife, &c. Paris, *Vitré* 1644.
Tombeau de la Meffe, 8. de Rodon, *Geneve* 1654.
Les Canons du Concile de Tolede, 8. 1615.
De la Puiffance paternelle, Ayrant, *Tours* 1603.
De l'union & reconciliation des Eglifes Reformées, Poyrier, *Amfterdam* 1659.
Traité des Conciles de Luther, 8. *Barbier* 1557.
Difcours fur la puiffance temporelle du Pape, Coufu.
Abregé des huit Conciles Generaux, 8. Idem.
Recherches curieufes des Religions, 8. *Brerevode*.

Constitutiones Societatis Jesu, 8. 5. vol. *Anvers Meurse* 1635.
Semundus de Ecclesiis suburbicariis, 8. 2. vol. *Paris, Cramoisy* 1618. & 1620.
Manasses Ben Israël de Creatione, *Amstelodami*, 1635. de Resurrectione 1636.
Sandius de Origine Animæ, 8. *Cosmopoli* 1671.
Nucleus Historiæ Ecclesiasticæ, *Cosmopoli* 1669.
Sandii, Interpretationes paradoxæ Evangeliorum, *Cosmopoli* 1670.
Messalinus de Episcopis & Presbyteris, 8. *Lugduni Batavorum* 1641.
Taxa sanctæ Chancellariæ Romanæ, 8. *Franckeræ* 1651.
Diverses pieces pour l'Université, contre les Jesuistes, 4. vol.
Sermons de Boucher, 8. *Paris, Nyvel* 1594.
Maresii Theologus Paradoxus refutatus, *Voetii Groningue* 1649. & *Blondelli* 8.
Grotius, de Imperio Summarum Potestatum circa Sacra, *Paris* 1948.
Junius de Christo, Capite Ecclesiæ contra Belarminum, 8. *Raphelinge* 1600.
Simplicius Verinus de Transubstantiatione, 8. *Hagiopoli* 1646.
Vedelius de Prudentia veteris Ecclesiæ, 8. *Amstelodami* 1633.
Consensus Ecclesiæ Catholicæ contra Tridentinos, Carletani, 8. *Francofurti* 1613.
Aquilinus de tribus Historicis Concilii Tridentini, *Amstelodami* 1662.
Miracula illustria Cæsaris Heister Bachcensis, *Antuerpiæ* 1605.
Statutorum Sacræ Facultatis origo, Filesacii, 8. *Parisiis* 1620.
Theophili Eugenii Protocastasis, seu prima Societatis Jesu Institutio restauranda, *&c.* 8. 1642.
Apologia di Galatheo ne la qualo si contengonogli principal articuli del Christianismo, 8. 1541.
Sirmundi Censura Anonymi Scriptoris de Suburbicariis Ecclesiis 8. *Paris* 1618.
Ejusdem adventoria de suburbicariis, 8. *Witemberga* 1553.
Apologia di Hieronymo Galatheo del Christianismo, *Preterin.*
Sauterii Diatriba de Mercatorum officiis, *Lugduni Batavorum* 1605.
Statuta Universitatis Oxoniensis, 8. *Oxonia* 1621.

Sanderi

de feu MR Briot. 17

Sanderi fchifma Anglicanum, 8. *Coloniæ Agrippinæ* 1585.
Narratio colloquii inter viros delegatos habiti, 8. *Parifiis* 1593.
Theologia Germanica è Germanico tranflata, 8. *Bafileæ*
Petavius de Photino hæretico.
Panfa de ofculo & hujus de Chriftiana Philofophia, 8. *Marqueģi* 1605.
Legende dorée, 8. *Leyde* 1608.
Seogli del Chriftiano naufragio, 8. 1618.
Petri Molinæi Vates, 8. *Lugdini Batav.* 1640.

THEOLOGIENS ANGLOIS in octavo.

A Guide to heaven prompte word Good Counfel.
Bafire of facriledge, 8. *London* 1668.
Parker cenfure of Platonik Philofophie, 8. *Oxford* 1667.
Taylor & repentance, 8. *London* 1655.
A difcourfes concernings the know ledge of Jefus-Chrift, 8. *Lond.* 1674.
The Whole Duty Ofman, *London* 1661.
Stinlingfleets difcourfes of Idolatry of Rome, *London* 1671.
Judgement of March-bishof of Armach, *London* 1658.
whitbie of Chriftian faith, 8. *Oxford* 1671.
Boyle of feraphick love aud ftyle of the fcriptures, &c. 8. *London* 1661. & 1673.
Tillothon fermons, 8. *London* 1671.
The defign of Chriftianity, 8. *London* 1671.
The lief & Death of the Reverend l'arned Ufcher, 8. *London* 1659.
Reliquiæ Sacræ Charolinæ orthe works, 8. *Hague* 1651.
Gouvernement of churgs by Thorndike, 8. *Cambrige* 1650.
Mores expofition The feven Epitles, 8. *London* 1669.
Roff. παυσιεσιυ, 8. *London* 1658.
John fmith of old Age, 8. *London* 1666.
Cafaubon of credulity and incredulity, 8. *London*, 1670.
Fiat lux by M. J. V. C. 8. 1662.
Animadverfions on a Fiat Lux, *London* 1662.
M. C. of the Terreftrial Paradife, *London* 1666.
A fermons preached at witehall. 8. *London* 1670.
Philofophicall Effay, 8. *Oxford* 1667.

E

Walton the confiderator confidered upon the Biblia polyglotta, the prolegomene an appendix, 8. *London* 1659.
Owen of the divine originall autority, 8. *Oxford* 1659.
The Exelency of Theology, 8. *London* 1674.
Religio Medici, *London* 1643. & 1659. double.
The pedegrewe of heretiques, 8. *London* 1566.
Patrick of the lords fupper, 8. *London* 1660.
The Rehearfal Tranfprofd, *Lond.* 1673.
The hiftory of the English & Scotch prefbitery, 8. *in Villa franca* 1659.
More divine dialogues, 8. 2. vol. *London* 1668.
Spencer lux Orientalis concernig the Préexiftence of fouls, 8. *London* 1662.
Marais Aurelius Antoninus of his meditations, 8. *Lond.* 1673.
The Lamentions of Germany Vincent, 8. *Lond.* 1639.
The hiftory of the English aud fcotic Prefbitery 8. *in Villa-Franca* 1659.
The prefent ftate of the Jews in Barbary, *London* 1675.
The difcouery of a new world, *London* 1640.
Harington faw Giving, *London* 1659.

THEOLOGIENS in 12. 16. & 24.

LITURGIES ou Prieres publiques, 12. *Londres* 1661.
Perufinus Epitome Baronii, 2. vol. *Paris Alliot* 1636.
Conftitutions du Port-Royal, *Mons, Migot* 1665.
Les Imaginaires, 12. 2. vol. 1667.
Lettres Provinciales, *Cologne* 1666.
Sonfonius de Communione veteris Ecclefiæ 1. vol. Jofton, *Elzevir* 1658.
Schemeidem de Jubilæo Romano, 1. vol. *Amftelodami* 1654.
Memorial hiftorique fur les cinq Propofitions, *Cologne* 1664.
Deffenfe de la Religion Catholique de Bofluet.
Marca differtatio, 12. 1664.
Moralle pratique des Jefuiftes, *Cologne* 1669.
Réponfe au livre de Monfieur Bofluet, 12.
Differtation fur les Penfions felon les libertez de l'Eglife Gallicane.

de feu Mʀ Briot.

Deffense du Pere Vincent contre Monsieur Abbelly, 12 1668.
Thomas Anglus 12. institutionum Ethicarum, 12. *Londini* 1660.
    Sonus Buccinæ, *Parisiis* 1654.
    Tabulæ suffragiales, 12. *Londini* 1655.
    Animadversiones, 12. *Rothomagi* 1660.
    Institutiones Sacrarum, 12. 1662.
    Institutionum Peripateticarum, 12., *Lugduni* 646.
    In Euclidem, 12. *Londini* 1657.
    De medio Animarum statu, *Parisiis* 1653.
    De Reformandis horis Canonicis consultatio, 1644.
Memorial pour la deffense de l'Evesque du Paraguay, 12. 1662.
Description du Portail des Cordeliers, 12. 1673.
Haymonis Historia Ecclesiastica, 12. *Lugduni Batavorum* 1650.
Religio medici, *Lugduni Batav.* 1644.
Nouvelles lumieres pour le gouvernement de l'Eglise.
Novum Testamentum Græcum Roberti Stephani, 12. 1546. cum notis manuscriptis Bungartii.
Vita di Fra Paolo Italien, & en François, 12. 1659.
Curcellii Diatriba, 12. *Amstel.* 1659
Buet, traité de la Predestination.
Il Nuovo Testamento, 12.
Erreurs populaires de Jean d'Espagne.
Patricii Mars Gallicus, 12. 1639.
Novum Testamentum Erasmi, 2. vol. 1541.
Concordia Evangelica, *Parisiis*, *Savreux* 1660.
Psalterium Davidis Græcum, 12. *Lond.* 12.
Grotius de veritate Religionis Christianæ, 12. *Cramoisy* 1640.
Memoire sur la grace, du Pere Thomassin, 3. vol. *Louvain* 1668.
Stingellius de Reliquiarum cultu, veneratione ac miraculis, 12. Ingolstadt 1624.
Præcationes Biblicæ, *Parisiis*, *apud Martinum Juvenem* 1654.
Richardi Japart Apotheosis, 12.
Epistolaris Diatribe Watson, *Londini* 1662.
Maresii fabulæ contra Preadamitas, 12. *Groninga* 1656.
Des Offices Ecclesiastiques, 12. *Paris*, *Villery* 1677.
Tractatio de Polygamia, 12. *Deventria* 1651.
Tertulien du Manteau, 12. *Paris* 1665.
Comenii de Irenico Irenicorum admonitio, *Amstelodami* 1631.
De diluvii Universitate dissertatio, *Geneva* 1667.

E ij

Fasciculus Epistolarum Latinarum & Gallicarum Molinæi 12. Eleutheropoli 1616.
Scochius de nihilo 12.
Theologia mystica, 12. *Blosii*, *Lugd.* 1580.
Ceremonie & coûtume des Juifs 12. *Paris*, *Bilaine* 1674.
Abregé de la doctrine de saint Augustin, 12.
Rabbi Moses de Jejunio, 12.
Religionis Christianæ institutio, 12.
Synopsis locorum Sacræ Scripturæ & Patrum, 12. *Amstelodami* 1650.
Anonymi dissertatio de pace & concordia Ecclesiæ, *Eleutheropoli* 1628.
Joanni Pistorii, Martyrium Benii, *Lugd. Bat.* 1649.
Veritas pacifica, 12. *Amstelodami* 1651.
Apologia Ecclesiæ Anglicanæ, *London* 1681.
Lettre de Dury sur l'Estat de la Religion d'Angletere, *Londres* 1658.
Pythæi responsio ad Preadamitas, 12. *Elzevir* 1656.
Kilperti disquisitio de Preadamitis, *Amstelodami* 1656.
Hornii Arca Noë, 12. *Lugd. Batav.* 1666.
    Hornii Historia Ecclesiastica, 2665.
    Ejusdem, orbis Imperans, 1668.
    Ejusdem, orbis Politicus, 1667.
Disputatio mulieres non esse homines, *Haga-comitis* 1644.
Disputatio de finito & infinito, 12. *Elzevir* 1651.
Heurnius Babylonica, &c. 12. *Lugd. Batav.* 1619.
Tombeau des Controverses, *Amsterdam* 1673.
Novum Testamentum ex Typographia Regia, 1649.
Lettere di Fra Paulo 1673.
Historia di fra Paulo sopra gli Beneficii, *Coloniæ Agripp.* 1675.
L'Evangile nouveau de Palavicin, 12. *Hollande*.
Des restitutions des Grands, du P. de Conty, 12. *Hollande* 1675.
Dissertation sur les Pensions, 12. *Rouen* 1671.
Doctrine de l'Eglise Catholique, Condom, 12. *Paris*, *Cramoisy* 1671.
Réponse à Monsieur l'Evesque Condom, *Quevilly* 1672.
Recüeil de diverses pieces, concernant la censure de la Faculté de Paris, *Munster* 1676.
Réponse au livre du renversement de la Morale de Jesus-Christ, Brugier, *Quevilly*, 1673.

Vita

Vita di Sixto V. 2. vol. 12. *Lozanne* 1669.
Il nouvo Testamento, *Lyon de Tournes* 1656.
Amirault traitté de la Predestination, 12. *Saumur* 1634.
Mathieu, Abregé de l'ancienne doctrine de saint Augustin contre du Moulin, 1665.
Religionis Christianæ brevis Institutio, 12. 1654.
Peyreri Epistola de ejuratione sua Sectæ Calvini & libri de Prædestinatione, 12. *Francofurti* 1658.
Epistola Passavantii, 12.
Synopsis locorum Sacræ Scripturæ & Patrum, 12. *Amstelodami* 1650.
Richardi Frappart Apotheosis, 12.

THEOLOGIENS ANGLOIS in 12. 16. & 24.

Blois Adam in his innocencie, *London* 1628.
Quarles Institutions divine & moral, 16. *Lond.* 1646.
Index Biblicus, 12. *Londini* 1668.
Usserius the principales of Christian Religion 12. *Lond.* 1658.
Gentleman the grounds of obedience, *London* 1655.
Private devotions, in 24. *London* 1647.
Oration or declaration of Gregori Nazianzens, 12. *London* 1672.

HISTORIENS in folio.

Historia Byzantina, fol. *du Louvre*, 23. volumes.
Valesii Historia Francorum, fol. 3. vol. carta magna.
Pausanias Xilandri, fol. Grec. Latin, *Vekel* 1613.
Dionis Cassii Historia Romana, Xilandri fol. Grec. Lat. *Vekel* 1606.
Polybii Historia, fol. Gr. Lat. *Vekel* 1619.
Appiannus Alexandrinus, fol. grec, latin, *Henrici Stephani* 1592.
Herodoti Historia, fol. grec, latin, *Vekel* 1608.
Josephi opera, fol. grec, latin, *Geneva* 1635.

F

Thucydidis Historia, grec latin, *Vekel* 1594.
Diodorus Siculus, grec, latin. fol. *Vekel* 1604.
Dionysius Halicarnassæus, fol. *Vekel* 1586.
Arrianus Henrici Stephani de Alexandri vita ejusdem periplus, &c. *Lugd.* 2. vol. 1577.
Ælianus, grec latin, *Tiguri, Gesner*.
Diogenes Laertius cum notis Aldobrandini, fol. *Romæ* 1594.
Xenophontis opera, grec latin. Lorusclavii, *Parisiis Estienne* 1625.
Suetonius Casauboni & aliorum, fol. *Parisiis Beys* 1610.
Cornelius Tacitus & Velleius Paterculus cum notis, *Parisiis, le Chevalier* 1608.
Historiæ Romanæ Scriptores, fol. 3. vol. *Hannoviæ Vekel* 1611.
Commentaria Cæsaris, fol. *Lauzannæ* 1571.
Lazius de rebus Græcis, fol. *Hannoviæ Vekel* 1605.
Titus Livius diversorum, fol. *Francofurti Fischer* 1612.
Cluverii opera, 4. vol. *Lugduni Batavorum* 1624.
Sigonii opera, 3. vol. *Hannoviæ apud Marinum* 1604.
Haræi, Annales Brabantiæ, fol. 3. vol. en 2. *Antuerpiæ Plantin* 1623.
Pauli Jovii opera, fol. 2. vol. *Basileæ apud Pernam* 1578.
Historia augusta Angelonii, fol. *Romæ* 1641.
Historia Rerum Moscovitarum & Hungaricarum, fol. 2. vol. *Hannoviæ apud Marinum* 1606.
Annales Bojorum Aventini, fol. *Basileæ* 1615.
Britannia Camdeni, fol. *Londini* 1607.
Sleidan, fol. maroquin reglé, *Paris Vignon* 1574.
Helvici theatrum Historicum, fol. *Marpurgi Cattorum* 1629.
Annales Flandriæ Mayeri, *Antuerpiæ* 1561.
Mausolæum Regum Hungariæ, fol. *Norimbergæ* 1664.
Cronicon Eusebii Scaligeri, *Commelin* 1606.
Scaliger de Emendatione Temporum, fol. *Genevæ* 1629.
Petavius de doctrina Temporum & Uranologia, fol. 3. vol. *Cramoisy* 1627. grand papier.
Annales Pighii, 3. vol. maroqnin, *Plantin* 1589.
Historiæ Augustæ Scriptores Salmasii, fol. *Parisiis* 1620. *la grande Navire*.
Aymonius Monachus, fol. *Parisiis* 1603.
Historiæ Francorum Scriptores, fol. 5 vol. *Cramoisy* 1636.
Goldasti opera, 8. vol. fol. & 5. in 4. *Francofurti*.

de feu Mʀ Briot.

Historiæ Normanorum Scriptores, fol. *Parisiis* 1619.
Gesta Dei per Francos, fol. 2. vol. en un, *Vekel* 1611.
Historia Thuani, fol. 8. vol. *Genevæ.*
Hispania illustrata, fol. 5. vol. *Hannoviæ apud Marnium* 1603.
Crusii Turco-græcia, fol. *Basileæ.*
Possevini Moscovia, fol. 1587. *apud Mylium.*
Rerum Anglicarum Scriptores, fol. 2. vol. *Lond. 1652.*
Rerum Anglicarum Camdeni, fol. *Francofurti* 1603.
Rerum Anglicarum Scriptores post Bedam, fol. *Francofurti Vekel* 1601.
Historia Anglica westmonasteriensis, fol. *Vekel* 1601.
Monasticum Anglicanum, fol. 3. vol. *Londini* 1673.
Matthæus Paris, Londini, 2. vol. fol. *Lond.* 1640.
Balæus de Scriptoribus Anglicis, fol. *Basileæ.*
Rerum Scoticarum Bucananus, fol. *Edemburgi* 1582.
Rerum Scoticarum Boëtius, fol. *Parisiis* 1575.
Eadmerius Seldenus, fol. *Lond.* 1623.
Historia Ecclesiastica Bedæ, fol. *Londini, Cantabrigiæ* 1644.
Rerum Bohemicarum Scriptores, fol. *Francofurti Vekel* 1602.
Nobilitas politica & civilis, *Londini* 1608.
Lambardus de priscis Anglorum, fol. *Cantabrigiæ* 1644.
Lucii Historia Dalmatiæ, fol. *Blaeu* 1666.
Pontani Historia Danica, fol. *Jeanson* 1631.
Theatrum Britanniæ, fol. *Peinct.*
Olaus magnus, fol. *Basileæ.*
Bertius in Ptolomæum, fol. *Peinct, Lugd. Batav.* 1618.
Regiæ Majestatis Scotiæ veteres Leges, &c. fol. *Londini* 1613.
Milthoni deffensio pro populo Anglicano, fol. *Londini* 1652.
Salmasii deffensio Regia, fol. *du Louvre* 1649.
Notitia Imperii Romani Panciroli, fol. *Lugduni* 1580.
Grotii Annales, fol. *Blaeu* 1657.
Strada de Bello Belgico, fol. 2. vol. *Romæ* 1640.
Rerum Polonicarum Scriptores, fol. *Basileæ.*
Cromerus rerum Polonicarum, fol. *Basileæ.*
Rubeus Rerum Ravennatum, fol. *Venetiis* 1590.
Bizar Historia Genuenrosis, fol. *Plantin* 1579.
Mascardus Freherus Rerum Germanicarum, fol. 2. vol. *Vekel* 1624.
Ruberus Rerum Germanicarum, 2. vol. en un fol. *Vekel* 1685.
Urstitius Rerum Germanicarum, 4. vol. en 3. fol. *Vekel* 1607.

Rerum Sicularum Scriptores, fol. *Vehel* 1579.
Alberti Krantzii opera, 2. vol. fol. *Vekel* 1579.
Historia Americæ, fol. 2. vol. 1556.
Historia naturalis Brasiliæ, fol. *Elzevir* 1648.
Kicheri China, fol. *cum figuris.*
Asia nova, fol. *Cramoisy* 1656.
Historia Saracenica, Arabica, Latina, fol. *Elzevir* 1625.
Historiarum Musulmanicarum, fol. *Vekel* 1591.
Orbis Maritimus Maursotti, fol. *Dijon* 1643.
Rosarium Politicum, fol. *Amstelodami* 165..
Ritherursii Genealogia, fol. *Tubingæ* 1658.
Historia di Genoa Justiniani, fol. *Genoa* 1537.
Memoires de Commines, fol. *du Louvre* 1649.
Histoire de France par Mezeray, 3. vol. fol.
Histoire Genealogique de sainte Marthe, 2. vol. 1647.
Histoire d'Espagne par Turquet, fol. 2. vol.
Froissart, 2. vol maroquin, *de Paris.*
Monstrelet, fol. 2. vol. *Paris* 1572.
La Popliniere, fol. 2. vol. 1681.
Differend de Boniface VII. & Philippe le Bel, fol. *Cramoisy* 1657.
Histoire de Charles VII du Louvre, fol.
Memoires de Nevers, fol.
Memoires de Ribier, fol. 2. vol.
Memoire de la Roche foucault manuscrit, fol.
Histoire Daubigné, fol. 3. vol. *Maillé* 1616.
Ceremonial de France par Gedefroy, 2. vol. fol.
Recherches de la France par Pasquier, fol. *Sonius* 1611.
Reciieil pour servir a l'Histoire par Duchastelet 1655.
Memoires du Bellay, fol. *Langelier.*
Sommaire de l'Histoire de Vignier, fol.
Histoire de l'Eglise de Vignier.   } *de la bonne Edition*
Histoire de Vignier, fol. 3. vol.
Histoire d'Anjou de Bourdigné, Gottique.
Cronique de Belforest, fol. *Dijon* 1573.
Republique de Bodin, fol. grand Papier, *Dupuis* 1586.
Memoires de Pierre Sully, *Rouen.*
Histoire de Navarre par Favin, fol. *Paris Sonius* 1612.
Lettres du Cardinal d'Ossati, fol. *Bouillerot* 1624.
Histoire de Provence par Nostradamus, fol. *Rigault* 1614.

Histoire

Histoire du Conneſtable de Leſdiguieres, fol. *Rocolet 1658.*
Annales de Bourgogne Paradin, fol. *Lyon Griph* 1566.
Hiſtoire de la Maiſon d'Auvergne de Juſtel, fol *Dupuis 1645.*
Hiſtoire du Duc d'Eſpernon, fol. *Courbé 1655.*
Ambaſſades du Perron, *Eſtienne* 1629.
Alliances de Paradin, fol *de Tournes* 1561.
Hiſtoire du Mareſchal de Guebriant, fol. *Barbin* 1656.
La France metallique, fol. *Rocolet.*
Hiſtoire de Portugal d'Oſorius, fol. *Eſtienne* 1581.
Cronique de Hollande, de Petit, fol. 2. vol. *Dordrek Guillemot* 1601.
Croniques de Flandres par Sauvage, fol. *Lion, Roüille* 1661.
Meteren des Pays-Bas avec figures, fol. *la Haye* 1618.
Guicciardin des Pays-Bas, fol. *Jeanſon* 1625.
Zuerii obſidio Bredæ, fol. *Comelin* 1640.
Entrée du Duc d'Alençon à Anvers, fol. parchemin, *Anvers Plantin* 1582.
Les Lauriers de Naſſau, fol. *Ieanſon* 1611.
Entrée du Prince Palatin, *en Allemand*, fol.
Hiſtoire Romaine de Coeffeteau, fol. *Cramoiſy* 1623.
Antiquitez de Niſmes, fol. *Roüille* 1666.
Tacito Eſpagnol de Barientos, fol.
Bibliotheque de la Croix du Maine, fol.
Hiſtoria Romanorum Zonaras, fol.
Hiſtoire de la Chancellerie, fol.
Commentaire de Ceſar en Allemand.
Gaſparis Contareni Cardinalis opera, fol. *Pariſiis, Nivelle* 1571.
Olai magni Hiſtoria Gothorum, fol. *Roma* 1554.
Cuſpinianus de viris clariſſimis, *&c.* Wolphangi, fol. *Francofurti.*
Cuſpiniani Auſtria, fol. *Francofurti.*
Petri Martyris Epiſtolæ, fol. *Amſtelodami* 1670.

HISTORIENS ANGLOIS in folio.

THe Hiſtory of Great Britanie by Statyer, fol. *London.*
The Hiſtory of Great Britanie, fol. *London* 1659.
The Hiſtory Scotland, fol. *London.*
Fullers worth of Engeland, fol. *London* 1662.

G

Historical collections By John Rushurvort ad annum 1629.
History of Barbades, fol. London.
Cornelio Tacite Anglois, fol. 1604.
The Histoire Marie Stuart, fol. 1624.
The Histoirie of Henry VIII. fol. by the Lord Cerbury, London 1649
The holy State By Thomas Fuller, fol. Cambridge 1646.
The compleat Ambaſſador, London 1655.
Veever ancient funeral monuments, &c. London 1631.
Προεδρια βασιλικη of discours, London 1664.
The History of Edoüar IV. London 1640. by Geo Buk.
The History of the life and Reigne, of Ruaud, London 1647.
The collection of History of Angland, fol. London 1634.
Harington Oceana, fol. London 1656.
Ricault de l'Empire Ottoman, Anglois, London 1668.
Stow suruey of London, London 1633.
Malynes lex mercatoria, London 1656.
Selden Titles of honor, London 1631.
Micographia by R. Hooke, London 1665.
Gilbert Burnet the memoires of the lives and actions of James and Wiliam Dukes of Hamilton, fol. London 1677.

HISTORIENS in quarto.

JULIANI Imperatoris opera Gr. Latin. Cramoiſy 1630.
Suetonius Torrentii opera, Plantin 1591.
Malvezzi sopra Cornelio Tacito, 4. Venetiis, 1635.
Gruterus in Tacitum & Onostrandrum, Comelin 1604.
Casalius de profanis & sacris Ritibus, 4. Roma 1644.
Guillelmus Postel de Nativitate Mediatoris. 4.
Seldenus de Synedyis, 4. 3. vol. Londini 1640.
Seldeni mare clauſum, 4. Lugd. Bat. 1636.
Seldenus de Anno Civili, 4. Londini 1644.
Seldeni Analecta, 4. Francofurti 1615.
Seldeni marmora Arundeliana, 4. Londini 1629.
Seldenus de successionibus, 4. Londini 1631.

de feu MR Briot.

Eutychii Annales Alexandriæ , 4. 2. vol. *Oxoniæ* 1638.
Naidini Roma Antica , 4. *Roma* 1665.
Gallus Romæ Hospes Demontiosii 1585.
Epitome Cluverii , 4. *Lugduni Batav.* 1641.
Cronicum Alexandrinum, 4. *Monachii* 1615.
J. Demetrii Suli Kovii Rerum Polonicarum Commentarius , 4. *Dantisci* 1647
Guillimannus de Rebus Helvetiorum , 4. *Amterni* 1623.
Thomæ Carue Historia Hiberniæ , 4. 1666.
Stanishurstus de Rebus in Hybernia gestis , 4. *Plantin* 1584.
Loyens de Rebus à Ducibus Brabantiæ & Lotharingiæ & Lunenburgi gestis, *Bruxelles* 1672.
Abregé de l'Histoire de France de Mezeray, 4. 3. vol. *Ioly* 1668.
Æmianus Marcellinus Valesii, 4. *Parisiis, Camusat* 1636.
Historia Venetiana Doglioni, 4. *Venise* 1598.
Historia d'Italia di Guichardini da Castiglione Aretino , 4. in Venetia Angelieri 1574. Gabrieli gli ultimi, 4. libri di Guicciardini con le considerationi di Batista Leoni, *Venetiis* 1564. *Giolity* 1583.
Verus de Rebus Venetis, 4. *Patavii* 1638.
Chiffletii Childerici Sepulchrum , 4. *Plantin* 1655.
Historia di Milano del Corio , 4. *Venetiis* 1565.
Mariana de Rege & Regis institutione, 4. *Madrid* 1599.
Historia particolare tra Paolo V. & la Republica de Venetia , 4. in *Mirandola* 1624.
Racolta de Scritti di Paulo V. è la Republica Venetia , *in Coira* 1507.
Historia dell'Inquisitione da R. P. Paolo in Serravalle. 1638.
Vignier , fastes des anciens Hebreux , 4. *Langelier* 1588.
Ferrarius de re vestiaria, 4. *Patavii* 1654.
Ferrarii Analecta de re vestiaria & veterum Lucernis 4. *Patavii* 1670.
Hornii Historia Philosophica, 4. *Lugd. Batav.* 1655.
Jonsius de rebus Historiæ Philosophicæ , 4. *Francofurti* 1659.
Lempereur de Legibus Hebræorum , *Lugd. Batav.* 1637.
Bayfus de Re Navali , &c. 4. *Robert Estienne* 1536.
Mercurialis de Arte Gymnastica, 4. *Parisiis, Dupuys* 1577.
Hottingeri Historia Orientalis , 4. *Tiguri* 1651.
Caracteres Ægyptiorum Pignorii, *Francofurti* 1608.
Pignorius de servis, 4. *Patavii* 1656.

Schickardi jus Regium Hebræorum, 4. *Argentinæ* 1625.
Ejufdem Tarich Regum Perfiæ, Tubingæ 1 28. & de Menfuris Templi de l'Empereur, 4. *Lug. Batav.* 1630.
Sylloge variorum Tractatuum pro innocentia Caroli Regis Angliæ 1649.
Maleficium Hiftoricum Pezellii, 4. 3. vol. *Francofurti* 1628.
Scriverii Antiquitates Batavicæ, 4. *Elzevir* 1611.
Ejufdem Batavia illuftrata cum Iconibus virorum illuftrium, 4. *Elzevir* 1609.
Waefberghe Gerardus de Montibus, 4. *Bruxelles* 1627.
Res Iflandiæ per Jonam, *Hambourg* 1614.
Specimen Iflandiæ per Jonam, 4. *Amftelodami* 1643.
Tabulæ marmoreæ per Alexandrum Juniorem, 4. *Cramoify* 167.
Chiffletii Vefontio Civitas Imperialis libera, *Lugduni* 1618.
Stockmans de jure devolutionis, 4. *Bruxelles* 1667.
Pithoei mifcellanea, *Cramoify* 1660.
Voffius in Pomponium Melam, 4. *Hagæ-Comitis* 1658.
Pomponius Mela de fitu Orbis, 4. 1682.
Boxhornii origines Galliarum, 4. *Lugd. Batav.* 1654.
Methodus Bodini, 4. *Parifiis* 1566.
Hiftoire de la ville de Melun, 4. *Paris* 1628.
Rerum Burgundionum Cronicon, *Bafileæ* 1575.
Salmafii duæ Infcriptiones veteres, 4. *Parifiis Drouard* 1619.
Grammaye Afia, *Antuerpiæ* 1604.
Vie du Pleffis-Mornay, 4. *Elzevir* 1647.
Memoires du Pleffis-Mornay, 4. 2. vol. *la Foreft* 1624. & 1625.
Lettres de Dupleffis-Mornay, 4. 2. vol. *Amfterdam* 1652.
—Hiftoire de Venife, 4. *Langelier* 1608.
Dupuis de la Majorité des Roys de France, 4. *Paris* 1655.
Du mefme Hiftoire de la condamnation des Templiers, 4. 1654.
Inftructions aux Ambaffadeurs de France pour le Concile de Trente, 4. *Cramoify* 1654.
—Memoires de Dutillet, *Paris* 1618.
Scriptorum Galliæ maledicentiæ, 4. 1635.
—Antiquitez Gauloifes de Fauchet, 4. *Geneve* 1611.
Cronique Scandaleufe, 4. 1620.
Commentaires de Pithou fur les libertez de l'Eglife Gallicane, 4. *Cramoify* 1650.
Negociation du Cardinal d'Eft, 4. *Paris* 1650.

Histoire du Cardinal de Joyeuse, 4. *Paris* 1654.
Histoire des grands chemins de l'Empire, 4. *Morel* 1622.
Spicilegium Dacherii, 4. 13. vol. *Parisiis* 1665. usque ad 1677.
Annales sous Henry VIII. Edoüard VI. & Marie, &c. 4. *Paris* 1647.
Limneus de Jure publico, 4. 4. vol. *Argentorati* 1645.
Limneus, Capitulationes Imperatorum & Regum Germanicorum, 4. *Argentorati* 1648.
Bulla aurea, 4. *Argentorati* 1662.
Ejusdem notitia Galliæ, 2. vol. 4. *Argentorati* 1655.
Crussius de Præeminentia, *Bremæ* 1665.
Le Parfait Capitaine, *Paris* 1638.
Memoires du Duc de Rohan, 4. 1646.
Histoire delle Guerre Civili di Francia di Davila, 4. *Venise* 1638.
Suetone François par Baudoüin, 4. 1611.
Chronicum Belgicum Locrii, 4. *Atrebati* 1616.
Histoire de saint Louys par Mesnard, 4. *Nivelle* 1617.
Histoire d'Hongrie par Fumée, 4. *Paris* 1618.
Histoire de l'Execution de Cabrieres & Merindol, 4. *Cramoisy* 1645.
Recüeil des Assemblées du Parlement 1588. & 1594. 4. *Paris* 1652.
Inventaire de l'Histoire de Normandie, 4. *Roüen* 1646.
Statuts de la Ville de Bordeaux, 4. *Millanges à Bordeaux* 1612.
Antiquitez de Paris de Dubreüil avec le supplément, 4. *Paris* 1612.
Supplementum Antiquitatum Urbis Parisiacæ, ejusdem, *Parisiis* 1614.
Croniques de Pologne, 4. *Paris* 1573.
Papirii Massoni Annales Franciæ, 4. *Parisiis* 1578.
Opere di Machiavelli, 4. 1550.
Alain Chartier de l'Histoire de Charles VII. 4. *Paris* 1617.
Vasconcellus Anachephaleosis Regum Lusitaniæ, 4. *Antuerpiæ*
Histoire de Chipre & de Lusignan, *Paris* 1604.
Privilegia nominationum Louvaniensium, *Leodii* 1665.
Coriverius de Gestis Henrici II. 4. *Nivelle* 1584.
Discours au Roy sur l'établissement de la Bibliotheque de Fontaine-Bleau par Abel de sainte Marthe 1668.
Priolau de Rebus Gallicis, 4. *Cacopoli* 1665.

Histoire des Ducs de Bourgogne, des Dauphins de Viennois & des Comtes de Valentinois par Duchesne, 4. 2. vol. *Cramoisy* 1628.
Histoire des Roys, Ducs & Comtes de Bourgogne & d'Arles par les mesmes 1619.
Marcus Antonmus de Rebus suis, 4. gr. lat. *Cantabrigiæ* 1652.
Meursii Athenæ Batavæ, 4. *Elzevir* 1625.
Index Thuani, 4. *Geneva* 1634.
Benerovicius de vitæ termino, 4. *Lugd. Batav.* 1636.
Histoire de la maison de Medicis, 4. *Paris, Perier* 1564.
Teutcher fursten Stat par Seckendorff, *Francfort*, 1656.
Hussiten Krieg durch Zacharium Theobaldum Zu, *Witemberg* 1609.
Salmasius de re militari, 4. *Elzevir* 1657.
Schefferi de Militia Navali veterum, 4. *Vbsaliæ* 1654.
Æliani & Leonis Imp. Tactica Meursii, 4. *Elzevir* 1613.
Du Choul de la Religion des Anciens Romains, 4. *Lyon, Roüille* 1581.
Guichard des funerailles des Anciens, 4. *Lyon Tournes* 1581.
Jamblicus de mysteriis Ægyptiorum, *Rome* 1556.
Dialogi di Gabriele Simeoni, 4. *Lyon Roüille* 1560.
Memoires de Chiverni, *Paris* 1636.
Discours Politiques, 4. 1632.
Le Conseiller d'Estat, 4. *Paris* 1633.
Commerce de la Banque par Clerac, *Bordeaux* 1656.
Tarif de la Doüanne de Lyon, 4. 1655.
Isole piu famose del mundo, 4. *Venise* 1571.
Deploratio pacis Germanicæ Pragensis, 4. *Cramoisy* 1636.
Protestatio Comitis Palatini Ducis Bavariæ, *Londini* 4. 1637.
Epistola de Jure Electorali Gentis Palatino-Bavariæ, 4. 1637.
De Balneis, 4. *Allivole Lugd. Bonhomme* 1052.
Kicherus de Ecclesiastica & Politica Potestate.
Herber Græcorum & Romanorum Religio, & mores 4.
Deffenses pour les Particuliers qui possedent des bois en Normandie 1673.
Réponce a saint Germain par Dupleix, 4. *Condon* 1645.
Cyropedie de Xenophon, 4. *Lion Tournes* 1555.
Oraison funebre de la Marquise d'Autray à Doüay 1610.
L'Admiral de France de la Popeliniere, 4. *Paris* 1584 & 1585.
Revelation des mysteres des Teintures de Bazile Valentin, 4. *Paris* 1646.

de feu Mʳ Briot. 31

Joannes Ferrarius de cultura florum, 4.
Oeuvres de Plutarque, 4. 4. vol. *Paris Buon 1606.*
Vignier de la petite Bretagne, 4. *Paris Perier 1619.*
Histoire d'Artus Duc de Bretagne, 4. *Paris Pacard 1622.*
Description des Guerres d'Angleterre & Hollande depuis 1664. jusqu'en 1667. *Amsterdam 1668.*
Recherche du droit du Roy, de Cassan, *Paris 1634.*
De Jure Azilorum Sarpii, *Lugd. Batav. 1622.*
Histoire de la prison de Monsieur le Prince, *Paris 1651.*
Journal du Parlement, 4. 2. vol. *Paris 1652.*
Jugement de tout ce qui a esté imprimé contre le Cardinal Mazarin.
Histoire de Constantinople de Cousini, *Cramoisy 1670.*
Le parfait Mareschal de Soleizel, 4. grand papier *Paris 1667.*
Guicciardini dell'Historia d'Italia, 4. *Venise Giolite 1564.*
Con le consideration di Leoni, 1583.
Ratio constitutæ nuper Angliæ, Scotiæ & Hyberniæ penes Protectorem & Parlamentum, 4. *Londini 1654.*
Histoire du Siege d'Ostende, de Henry Haestem, 4. *Leyde 1615.*
Les Tragiques du larcin de Promethée au desert 1616.
Cumberland de Legibus naturæ, 4. *Londini 1671.*
Admonitio ad Ludovicum decimum tertium, 4. *Augusta Francorum 1625.*
Chronicon Regum & Principum in quos Britanniæ Imperium translatum est à Lilio Britanno, 4. *Francofurti 1565.*
Buchananus de Jure Regio apud Scotos 1579.
Vindiciæ Vacademiarum, 4. *Oxford 1654.*
Inius de Chuttenta veterum, 4. 1637.
Meybomii Mœcenas, 4. *Elzevir 1658.*
Lettres de Monsieur de Foy, 4. *Paris 1628.*
Meybomius de fabrica Triremium, *Amstelodami 1671.*
Sybilla francica, 4. *Vrsellis 1606.*
Theatro de huomini letterati, 4. *Venise 1647.*
Tomasini Elogia, 4. 2. vol. *Pataviæ 1630. & 1644.*
La vie de saint François de Sales, avec figures, 4.
Vita Cardinalis Comendoni, *Cramoisy 1669.*
Vie de Charles du Molin par Brodeau, 4. *Paris 1654.*
Gassendi vita Pyreschi, 4. *Cramoisy 1641.*
Vita del Duca Valentino da Tomaso Tomasi, 4. *in Monte Chiaro 1655.*

Gassendi vita Epicuri, 4. *Parisiis Guillemot* 1611.
Philostrate de la vie d'Apollonius, 4. *de Vigenere* 2. vol.
Vie de la Nouë bras de fer, par Amyrauld, 4. *Leyde* 1661.
Quenstedt de viris Illustribus omnium Ordinum & Facultatum, *Vitembergæ* 1614.
Iamblicus de vita Pythagoræ, 4. *Commelin* 1568.
Vie de Dom Barthelemy des Martyrs, 4. *Paris Petit* 1664.
De la Marre de vita Guillelmi Philandri 1667.
Le vite de Pittori vassari, 4. 2. vol. *Florence Giuntes* 1568.
Le vite de Pittori da Baglione, 4. *Rome* 1659.
Le vite de Pittori di Ridolphi, 4. 2. vol. en un, *Venise* 1648.
Beze des hommes illustres, 4. *Iean de Laon* 1581.
Starovolsci centum Scriptorum Polonicorum Elogia, 4. *Venetiis Zevar* 1627.
Salmasii Epistolæ, 4. *Lugd. Ratav.* 1656.
Casauboni Epistolæ, 4. *Magdeburgi* 1656.
Epistolæ Ecclesiasticæ & Theologicæ, 4. *Amstelodami* 1663.
Tanaquilli fabri Epistolæ 2. vol. 4. *Saumur.*

HISTORIENS ANGLOIS in quarto.

Sprat The Hystory of the Royal Society, 4. *London* 1667.
Recueil de divers traitez Anglois, 4.
Knight Englande Looking presented, Tho the Parliament, 4. *London* 1640.
The negociations, of Thomas Wolsey Cardinal, 4. *London*
Wiliam Prynes of Parliament Royal, 4. *London.* 1643.
Prynes Popish favorite, 4. *London* 1643.
An humble remontrances tho the Parliament, 4. *London* 1640.
Romish positions and practises for Rebellion, 4. *London* 1605.
And Historicall discourses, of the uniformity of the Gouvernement of Angland.
Harrincton the prerogative, of popular gouvernement, 4. *London* 1658.
The Arguments of Sir Richard Hutton, 4. *London* 1641.
Lestranges Apology, 4. *London* 1660.
Leycesters Common Wealth 4. 1641.
William pringæ of his worckes, 4.

de feu MR Briot.

Majeſtys Declaracion, *York* 1642.
Relation of the Gouvernement Cloucester, 4. *London* 1645.
Seldeni the Hiſtorie of titles, 4. 1618.
Tho the high and Moſt Mighty Emprés Elizabeth.
Cabala five ſcrinia ſacra & Ceciliana, 4. 2. vol. *London* 1654.

HISTORIENS in octavo.

BIBLIOTECA Belgica Andreæ, 8. *Louvanii* 1623.
Miræi elogia Belgica, 8. *Anvers* 1602.
Miræi Epiſcopatuum notitia, 8. *Plantin* 1613.
Miræus de Collegiis Canonum, 8. *Coloniæ Agrippinæ* 1615.
Velleius Paterculus, 8.
Vidman habiti antichi, 8. *Venetiis* 1664.
Bucolceri index Chronologicus, 8. *Francofurti* 1634.
Seringhamus de Anglorum gentis origine, 8. *Cambridge* 1670.
Briſſonius de Regio Perſarum Principatu, 8. *Comelin* 1595.
Alſtedii theſaurus Chronologicus, 8. *Herbornæ - Naſſoviorum* 1650.
Memoires de la Reine Marguerite, 8. *Paris* 1628.
Epitaphia Urbis Baſileæ, 8. *Baſileæ* 1622.
Martyre de la Reine d'Eſcoſſe, 8. *Edimbourg* 1587.
Naudé de l'Hiſtoire de Loüis XI. 8. *Paris* 1630.
Rationarium temporum Petavii, 8. *Paris* 1641.
De Rebus ſub auſpiciis Caroli magnæ Britanniæ Regis ac Imperio Montiſroſarum Marchionis geſtis Commentarius, anno Domini 1647.
Hiſtoria motuum Scotiæ, 8. *Dantiſci* 1641.
Guthberleti Chronologia, 8. *Amſtelodami* 1656.
Inventaire de l'Hiſtoire d'Eſpagne, de Salazar, 8. *Paris* 1602.
Hiſtoire de Loüis III. Duc de Bourbon, 8. *Paris* 1612.
Hiſtoire des Vaudois, 8. *Geneve* 1619.
Favin des Officiers de la Couronne, 8. *Paris* 1613.
Elenchus motuum Nupertorum in Anglia, 8. 2. Parties, *Londini* 1660 & 63.
Fulmen Brutum Papæ Sixti V. adversùs Reges Navarræ, &c.
Methodus Bodini, 8. *Paris* 1672.

Discours politique de la Noüe, 8. *Basle* 1587.
Chronologie des Estats de Savaranole, 8. *Paris* 1615.
Du grand & loyal devoir des Parisiens envers le Roy 1565. & le Réveil matin des François à Edimbourg 1574.
Memoire de Miraumont, 8. *Paris* 1612.
Pax inita ad Pyrenæos montes, 1659. cum Historia Pacis Petri Axen, 8. *Lipsiæ* 1660. & 1667.
Deliciæ Lusitano-Hispanicæ Resendii, *Coloniæ Agripp.* 1613.
Histoire Ecclesiastique de Beze, 8. 3. vol. *Anvers* 1580.
Memoires de Villars, 8. *Lyon Rigaud* 1610.
Parthenie Histoire de Chartres, *Paris* 1609.
Commentaires de Mont-Luc, 8. *Paris* 1594.
Histoire de l'Academie Françoise de Pelisson, 8 *Paris* 1653.
Hottomanni Franco-Gallia, 8. *Francofurti Vekel* 1586. cum responsione Matthæi Paris.
Antiquitates Suecogoticæ ejusdem, 8. *Morel* 1575.
Loccenius Olai, historien, 8. 2. vol. *Suecierum Holmiæ* 1654.
Plantin, Histoire des Suisses, 8 *Geneve* 1666.
Antiquitez des Villes & Chasteaux de Duchesne, 8. *Paris* 1609.
Antiquitez de Paris, 8. *Paris* 1608.
Histoire des Troubles de France, 8. *Basle* 1578.
Camdeni Annales Rerum Anglicarum, 8. *Lugduni Bat.* 1625.
Varæus de Hyberniæ Antiquitatibus, 8. *Londini* 1658.
Inventaire de Serres à reiglets par Saugrain, 8. 3. vol. 1600.
De Justa Henrici III. abdicatione, 8. *Parisiis, Nivelle* 1589.
De justa Ecclesiæ Christianæ in Reges impios ac hæreticos auctoritate, 8. *Parisii* 1590.
Berosius de Antiquitatibus Italiæ, &c. 8. *Antuerpiæ* 1552.
Osorius de rebus Lusitaniæ, 8. *Coloniæ* 1597.
Besoldi Historia Constantinopolitana, 8. *Argentorati* 1634.
Methodus Bodini, 8
Memoires de la troisiéme guerre Civile, 8.
Memoires de la Place, 8. 1565.
Flaccius de translatione imperii ad Germanos, *Basileæ* 1566. de Babemberg.
De Jure Regni & Imperii Romanorum, 8. *Basileæ*.
Nomina, Cognomina Patriæ & Patrum qui convenerunt ad Concilium Tridentinum.
Memoires de Charles IX. 8. 3. vol. *Medelbourg* 1578.
Memoires de la Ligue, 8. 6. vol. 1590.

de feu Mᴿ Briot. 35

Memoires de Villeroy, 8. 4. vol. *Paris 1636.*
Histoire du Temps, 8. 2. vol 1649.
Histoire de Jean le Frere de Laval, 8. *Paris 1575.*
Opere di Bentivoglio, 8. 6. vol. maroquin, *Amstelodami 1648.*
Histoire des Albigeois, par Frere Pierre des Vallées Sernay de Sorbin, 8. *Paris, Chaudiere 1585.*
Histoire des derniers troubles, 8. *Lyon Bonaventure 1596.*
Histoire des cinq Roys, 8.
Frisii origo & Historia Belgicorum Tumultuum, 8. *Lugduni Bat.* 1619.
Legende du Cardinal de Loraine, 8. *Rheims, Pierre Martin 1579.*
Capitula Caroli magni, 8. *Paris 1588.*
Tractatus Pacis Monasteriensis, 8. *Elzevir 1651.*
Ritrato di Roma antica da Trivultio, 8. *Romæ 1627.*
De la Souveraineté des Rois, d'Amyrault, 8. 1650.
Memoire de la Ville de Dourdan, 8. *Paris, Martin 1624.*
Discours sur le Traité de Prague, 8. *Paris Cramoisy 1637.*
Consideration sur l'Histoire par le Roy, 8. *Paris, Morel 1568.*
La Statique ou la Science des forces mouvantes, 8. *Paris, Cramoisy* 1673.
Discours sur la connoissance des Bestes, 8. *Paris, Cramoisy* 1672.
Speculum Tragicum, 8. *Elzevir 1603.*
Siege de Poitiers, 8. *Paris, Chesneau 1569.*
Thresor des Thresors de la Chambre de Justice, 8.
Guerras civiles de Grenada, 8. *Paris, Villery 1660.*
Pomponatius, de Immortalitate Animæ Sirmundi.
Histoire des Histoires de la Popeliniere, 8. *Paris, Houzé 1599.*
Tertullianus de Pallio, 8. *Lugduni Batavorum, le Maire 1656.*
L'usage des Parties, de Galien, *Lyon, Roüille 1566.*
Le Soldat Suedois, 8. *Geneve, Albert.*
Histoire des singularitez d'Angleterre, 8. *Paris, Ninville 1667.*
Recüeil des Edits de Pacification, 8. *Paris 1659.*
Hyatus Cassani Zypæi, *Antuerpiæ 1640.*
Antymariana, 8. *Paris, Meayer 1610.*
Chronologie septenaire, 8. 1607.
Barclæi Argenis, 8. *Paris, Buon 1621.*
Histoires des troubles sous Henry III. & IV. 1608.
Lettres de Pasquier, des affaires sous Henry IV. Louys XIII. *Paris, Alliot 1623.*

Mercure François, 8. 25. volumes.
Le contre Assassin 1612.
Philippiques contre les Bulles, 8. *Tours 1611.*
Le Maheutre & le Manant, 8. 1593.
Examen de la liberté de Venise, 8. *Ratisbonne* 1677.
Remonstrances à Henry III. 8. 1588.
Cabinet du Roy, 8. 1581.
Fromenteau secret des Finances, 1581.
La honte de Babylone.
Blondellus de Joanna Papissa, 8. *Blaeu* 1658.
Molani, Militia Sacra Ducum & Principum Brabantiæ, 8. *Louvii Plantin* 1592.
Tractatus de modo generali Concilii celebrandi, 8. *Parisiis, le Proust* 1645.
Budée de Republica Anglorum, 8. *Londini.*
Procez du Roy d'Angleterre, 8. *Londres* 1650.
De Launoy ad responsionem de duobus Dionysiis, 8. *Parisiis* 1642.
Miræi origines Cænobiorum, 8. *Anvers* 1607.
Quintus Curtius Freinshemii, 8. *Argentorati,* 1639.
Chronicon Curionis, 8. 2. vol. *Lugduni, Santandreanum* 1576.
Grotius de jure belli & pacis, *Amstelodami* 1642.
Nicolai Machiavelli vindiciæ contra tyrannos, 8. *Montisbelgardi* 1599.
Recüeil de l'Histoire de France de 1547. jusqu'en 1589.
Le Thresor des Thresors de France, volé par les Officiers des Finances 1615.
Traduction de Velleius Paterculus de Doujat, 8. *Paris* 1672.
Saluste, *Anvers, Plantin* 1564.
Simlerus de rebus Helvetiorum, 8. *Paris* 1577.
De libertate Ecclesiastica. de Controversia Pauli V. & Reipublicæ Venetæ & la honte de Babylone 1607. & 1612.
Duchesne, Biblioteque des Auteurs de l'Histoire de France, 8. *Paris* 1627.
Cottoni Posthuma, *Londini* 1651.
Vita sancti Romani Episcopi Rothomagensis, Rigaltii, 8. *Parisiis* 1609.
Malchus de vita Pythagoræ, Heinsii, 8. *Alstorfii* 1610.
Bartholomæus de Scriptis Danorum, 8. *Thasinia* 1666.
Barnlet Balæus de vitis Pontificum, 8. *Lugduni Batav.* 1615.

Porphyrius

Porphyrius de vita Pythagoræ, *Roma Vatican.* 1630.
Adami Vitæ Philofophorum, Theologorum Germanorum, 8. 5. vol. *Heydelbergæ* 1620.
Vitæ Illuftrium Medicorum Caftelani, 8. *Antuerpiæ Griph* 1618.
Petri Caftellani vita Baluzii, 1674.
Papirii Maffonis Elogia, 8. 2. vol. *Parifiis* 1638.
Ejufdem Elogia Ducum Subaudiæ 1619.
Hezichius de vitis Philofophorum, 8. *Antuerpiæ*, Plantin 1572.
Eunapius de vitis Philofophorum, 8. *Antuerpiæ Plantin* 1568.
Elogia Ducum Sabaudiæ, 8. *Papirii Maffonis.*
Kircherus, Vita Landtgraviffæ Heffiæ, 8.
Vie des Poëtes Provençaux, 8. Italien, François, *Lyon, Marfeille* 1675.
Elogia Sarmatani, 8. *Auguftoriti Piêtonum* 1602.
Melanêthonis Vita, Camerarii, 8. *Lipfiæ* 1666.
Vie de Louys XIII. 8. de Moüillet Chappelain 1613.
Kirxherus Superioris Ævi Heroum &c. curricula, 8. *Marpurgi* 1610.
Jofephi Scaligeri Epiftolæ, 8. *Elzevir* 1627.
Grinei Epiftolæ Sculteti, *Offembach* 1612.
Briofiii Epiftolæ, 8. *Cadomi* 1670.
Annæ Mariæ à Schurman Epiftolæ, & opufcula, 8. *Elzevir* 1650.
Petri de Vineis Epiftolæ, 8. *Bafilea.*
Baudii Poëmata, Epiftolæ & Orationes, 2. vol. 1616. & 1636. *Hollande.*
Baudii Poemeta & Epiftolæ, 8. 2. vol. *Lugduni Batav.* 1636.
Goldafti Epiftolarum centuriæ, 8. *Francofurti* 1610.
Epiftre à Scaliger en François, 8. *Harderwik* 1624.
Sarravii Epiftolæ, 8. *Roterodami* 1624.
Gabemæ Epiftolæ, 8. *Harlinguæ* 1664.
Zuichemii Epiftolæ, 8. *Leoardiæ* 1661.
Chitræi Epiftolæ, 8. *Hannoviæ Vekel* 1614.
Illuftrium virorum Epiftolæ, 8. *Elzevir* 1617.
Calvini Epiftolæ, 8. *Hannoviæ* 1597.
Bufbequii Epiftolæ, 8. 2. vol. *Parifiis, Plantin* 1595. *Louvanii* 1630.
Paffavantii Epiftolæ, 8.
Fulgotii faêta & diêta memorabilia Gaillardi, *Parifiis, Cavellat* 1578.

Clenardi Epistolæ, 8. 2. vol. *Plantin Antuerpiæ* 1566. *Hannoviæ Vekel* 1606.
Simplicii Verini Epistolæ, 8. *Agiopoli* 1646.
Bezæ Epistolæ, 8. *Geneve, Vignon* 1573.
Isaaci Causaboni ad Epistolam, 8. Cardinalis Perronii, *Londini* 1612.
Casauboni Epistolæ, 8.

HISTORIENS ANGLOIS in octavo.

Temples observations upon the united Provinces, 8. double *London* 1673.
A restitution of decayed intelligence in Antiquities, 8. *London* 1655.
Boisle hydrostatical paradoxs, *Oxford* 1666.
Mornachy Asserted, 8. *London* 1660.
Philipots of Heraldry, 8. *London* 1672.
England Black Tribunall, *London* 1660.
A caveat Tho the Cavaliers, 8. *London* 1667.
Carrington the life of Oliver Cromwel, 8. *London* 1659.
Heath flagellum or the life and Death birth and Burial of Cromwel, 8. *London* 1663.
A Brief Chronicle of England, Scottand & Ireland, 8. *London* 1663.
A Catalogue of the Dukes, Marques, &c. 8 *London* 1642.
A New Catalogue of the Dukes Marquesses of England, &c. 8. *London* 1658.
A Short View of the life and Reign of King Charles II. 8. *London* 16 8.
The ancient method of holding of Parliaments in England, *Lond.* 1660.
Finett observation of forren Ambassadors, *London* 1656.
Mun England Treasure by forraing Trade, 8. *Lond.* 1664.
Item carter of commerce Malynes, 8. *London* 1623.
Monarchy asserted upon Iaringtons Oceana, 8. *Oxford* 1659.

HISTORIENS in 12. 16. & 24.

Bibliotheca Chronologica du Pére Labbe, 12.
Alexandri Mori, fides publica, 12. *Hagæ Comitum* 1654.
   Ejusdem clamor sanguinis Regii ad cœlum.
Regni Poloniæ jus publicum, 12. 1676.
Historia degli uscocchii fra Paolo, 12. *Venise* 1676.
Fæcialis Germanicus, 12. *Amstelodami* 1662.
Chronologie du P. Labbe, 12. 5. vol. *Paris* 1666.
Abregé de l'Histoire de France, de Maroles, *Paris* 1673.
Tableau Chronologique du P. Labbe, 12. *Paris* 1652.
Histoire de France du P. Labbe, 12. *Paris, Haynaut* 1657.
Sleidanus de quatuor Monarchiis, 12. *Elzevir* 1624.
Loccinius de Jure maritimo, 12. *Olmiæ* 1652.
Relation de la Cour de Rome, *Leyde* 1663.
Journal du Cardinal de Richelieu 1650.
Institutio Juris Anglicani, 12. *Oxoniæ* 1664.
Histoire de Portugal, 12. *Galardi, Liege* 1670.
Speculum Conciliorum Hispanicorum 12. *Lugduni* 1617.
De statu Imperii Germanici, 12. *Monzanbano, Genevæ* 1667.
Motuum Britannicorum, 12. *Oxford* 1647.
Negociations du President Jannin, 12. 2. vol. *Holl.* 1659.
Coup d'Estat du Naudé, *Hollande*, 12. 1667.
Milthonis deffensio pro populo Anglicano, 1°. *Londini* 1654.
Milthonis deffensio secunda, 12. *Londini* 1654.
Zugleri circa Regicidium Anglorum exercitationes, 12. *Lugduni Batav.* 1653.
Schokchii, Belgium fœderatum, 12. *Amstelodami* 1652.
Apologia contra Milthonem, *Antuerpiæ* 1652.
Phillippi Angli responsio ad Apologiam pro Rege & Populo Anglicano, *Londini* 1652.
Les droits de la Reyne, 12. *Paris* 1667.
Remarque sur les droits de la Reyne, *Cramoisy* 1667.
Seldenus mare clausum, 12. *Londini* 1636.
Memoires & institutions pour les Negociations, 12. *Cramoisy* 1665.

Revolutions de Naples par Modene, 12. 3. vol. *Paris* 1665.
Apologie contre la Reyne d'Escosse, 12. 1588. Françoise & Angl.
Dits memorables des grands hommes, 12. 1565.
Cabinet de Louys XI. 12. *Paris* 1661.
Histoire de la Paix de 1659. *Cologne* 1667.
Memoires du Prince de Condé, 1564.
Recüeil des Traitez de Confederation, *Hollande* 1672.
Traité du Blason par la Roque, *Cramoisy* 1673.
Privileges des Secretaires du Roy, *Paris, Petit* 1672.
Abregé de la vie de Charles I. Roy d'Angleterre, *Paris* 1664.
Bucelini Historia universalis, 12. *Augusta Vindelicorum* 1658.
Suetonius ex Typographia Regia.
La vie de Ruiter, 12 *Amstelodami* 1677.
Bucanani de Jure Regni, *Scotos, Eidemberge* 1580.
Colonii Amiraldi Franciæ vita.
Camerarii Roma capta 1575.
Campanella de Monarchia Hispanica, 16. *Elzevir* 1641.
Funeri Geographia, 16. *Parisiis* 1641.
Histoire de saint Louys par Joinville 1596.
Conclave d'Alexandre VII. 1664.
Memoire de Madame la Duchesse de Mazarin, 12. *Cologne* 1675.
Memoire de la Princesse Colonna, *Colog.* 1677.
Conjuration du Comte de Fiesque, 12. *Paris* 1665.
Recüeil de diverses pieces curieuses, 12. *Cologne* 1666.
Memoire d'un favory du Duc d'Orleans, *Leyde* 1668.
La Politique de France, 12. *Vtreck* 1670.
Les amours d'Henry IV. 12. *Leyde* 1665.
Les Memoires de Montresor, *Cologne* 1664. & 1665.
Memoires de Bassompierre 12. 2. vol. *Cologne* 1665.
Ambassade de Bassompierre, 2. vol. 1668.
Memoires de Monsieur de la Roche-Foucault, *Cologne* 1664.
Histoire de Henry IV. par Rodez, *Elzevir* 1661.
Histoire de la Paix avec les Lettres de Courtin, *Cologne* 1665.
Memoires de Brantosme, 12. 8. vol. 1666.
Memoires de Lyonne, 12. 1668.
Rabelais d'Hollande, 2. vol. 1663.
Journal d'Henry III. *Cologne* 1663.
Histoire amoureuse des Gaules, 1666.
Diverses pieces pour servir à l'Histoire, 1664.
Histoire de Charles-Quint, *Bruxelles* 1663.

Thuanus

de feu MR Briot.

Thuanus reftitutus, *Amftelodami* 1663.
Maximes importantes pour l'education du Roy, *Paris* 1653.
Bouclier d'Eftat & de Juftice, 1667.
La Verité deffenduë ou fuite du Bouclier d'Eftat, 2. vol. 1668.
Maximes & interefts des Princes, 1665.
L'A. B. C. du Monde de Duval, 12. *Paris* 1659.
Rabelais tome 1. & 2.
Euphormion de Barclay, *Lond.* 1624.
L'humo che par la poco, 12. *in Bolonia* 1646.
Opere di Malvezzi, 12.
Palingini Zodiacus vitæ, 12. *Bafileæ* 1543.
Raymundi Lullii codicillus, 12. *Coloniæ* 1563.
Clement Marot de Tournes, 12. 1589.
Maruli & Joannis Secundi Poëmata, 12. *Parifiis, Dupuis* 1561.
Anglicii oratio Julium Cæfarem fuiffe Tyrannum, *Deventriæ* 1664.
Scheli libertas publica, 12. *Amftelodami* 1666.
Apologia de Principiis Jufti & Decori, 12. *Elzevir* 1651.
Catholicon d'Efpagne, 1599.
Eloquentia Goudæ, 1554.
Oeuvres de Rabelais, 12. *Lyon, Martin* 1599.
Collomefii opufcula, *Cramoify* 1666.
Prima Scaligeriana, *Groningæ* 1669.
Les Poëtes Grecs de le Févre, *Saumur* 1664.
Peronniana, 12. *Coloniæ Agrippinæ* 1669.
Vie d'Ariftippe par le Févre, 12. *Paris, Jolly* 1668.
Dialogi de Nicolo Franco, 12. *Jolly Venife* 1545.
Lemnici hiftoriæ, 12. *Hardervuik* 1645.
Enchyridion Contavingii, 12.
La verita Effaminata al favor del populo di Genoa, 1628.
Petits memoires de la Ligue, 3. vol. 1565. *Strafbourg* 1666. & 1668.
La veritable Religion des Hollandois, 12. *Amfterdam* 1675.
Memoires touchant les Ambaffadeurs, 12. *Cologne* 1676.
Capellus de reftitutione Ducis Mediolanenfium, 12. *Parifiis* 1538.
Europa Gelofa, 12. 2. vol. *Coloniæ* 1672.
Secreti di ftato di Principi, 12. 2. vol. *Bologne* 1671.
Anticotton, 1610.

Divorcio celeste, 12. *in Villa-Franca* 1643.
Il Corriero sualigiato, 12. *Ibidem* 1644.
Il Maestro di Camera, 12. *in Firenze* 1621.
Alphonsi de Vargas Stratagemata Jesuistica Politica ad Reges, 1641.
Justa statera de Porporati, 12. *Geneve* 1650.
Ciceron des Orateurs Illustres, 12. *Courbé* 1652.
Hakuvel modus tenendi Parlamentum, 12. *Londini* 1660.
Baconi Historia Henrici septimi, 12. *Lugd. Batav.* 1642.
Tariffe & concordance des poids, valeur & nombre des Marchands en plusieurs Provinces, 12. *Lyon, Pesnot* 1571.
Histoire des Comtes de Hollande, 12. *Paris, Piget* 1666.
La liberté de Portugal, 12. 1541.
Procez de Monsieur Fouquet, 12. 15. vol. *Paris* 1671.
Lazari Soranzi Ottomannus de rebus Turcicis, 12. *Hollande* 1660.
Codicille de Louys XIII. 12.
Vie du P. Paul François, 12. 1665.
Vie de Pie cinquiéme, 12. *Paris* 1672.
Vita di Sixto V. 2. vol. *Lauzanne* 1669.
Peyreri Epistolæ, 12.
Principum & Illustrium virorum Epistolæ, 12. *Amstelodami* 1644.
Politiani Epistolæ, 12. *Amstelodami* 1644.
Testimonium Flavianum, 12. *Maniberga* 1661.
Magnenius de vita Democriti, 12. *Lugd. Batav.* 1648.
Bongartii Epistolæ, 12. *Argentorati*, 1660. double, *Elzevir* 1647.
Epistres de Bongars en François, *Paris Petit* 1668. vol. 2.
Grotii Poëmata & Epistolæ, 12. *Lugd. Bat.* 1639.
Hensii Orationes, *Elzevir* 1642.
Grotii Epistolæ ad Gallos, 12. *Elzevir* 1640.
Les Epistres d'Estienne Pasquier, 12. *Arras* 1598.
Languetti Epistolæ, 12. *Elzevir* 1646.
Plinii Epistolæ, Alde, 12. *Venise* 1508.
Vossius de Studiis, 12. *Vtrek* 1658.
Respublica Hollandiæ in 24. *Lugd. Batav.* 1630.

HISTORIENS ANGLOIS in 12. 16. & 24.

Reliquiæ Woftomianæ, 12.
Hobbs de Corpore politico, 12.
The perfect Politician, of Cromwel, 12. *London 1650.*
Englands Elizabeth fir life, 12. *Lond. 1631.*
Adnimaverfions upon Brackers, Cronicle, 12. *Oxonia 1672.*
The Hiftories of Henry III. & IV. 12. *London 1642.*
The Common Wehalth of England, 12. *London 1640.*
Howard the life and Reign of King Edwart the Sixth, 12. *Lond. 1636.*
The Court and character of King James, 12. *London 1650.*
Theuvorks of Lauvyer Jenkins prifoner in neuvgate upon divers Status, *Lond.* 1648.
Seldenus Hiftoria of titles, 12.
Caufin hiftory of the Canon, 12.
Churgh Hærefiography.
Jus figilli or the law of England in 16. *London 1673.*

VOYAGES in folio.

Viagi del Ramufio, fol. 3. vol. *Venife, Iuntes 1613.*
Voyage du fieur Acarrette, fol.
Voyage de Thevenot, fol. 3. vol. *Paris 1663. 64. & 66.*
Relation de l'Empire des Abyffins, fol. *Cramoify 1673.*
Hiftoire du nouveau Monde, par Laet, fol. *Leyde 1640.*
Hiftoire de l'Empire de Mexique, fol. *Gages, Paris.*
Olearius, Allemand, fol. 2. vol. *Schlewik 1656 & 58.*
Hiftoria America de Bry, fol. 2. vol. *Francofurti,* wekel *1591.*
Voyage de Linfchot, fol. *Amfterdam 1638.*
Morifoti Orbis Maritimus, *Divione 1643.*
Hiftoire de Barbarie de Dan, fol. *Paris 1649.*
Afiæ nova defcriptio, fol. *Cramoify 1656.*
Ambaffade des Hollandois à la Chine, fol. *Leyde 1665.*
Kirkeri China, fol. *Amfterdam 1667.*
Hiftoria naturalis Brafiliæ, fol. *Lugduni Batav. 1648.*

VOYAGES ANGLOIS in fol.

PURCHAS, fol. 5. vol. *London*.
And continuation by Alex. Roff.
Walter Raleich the Historie of the World, fol. 2. vol. *London* 1652.
Knolles history of Turky, fol. 1638.
Browne Enquiries in the Common errors, fol. *London* 1650.

VOYAGES in quarto.

LE Voiage d'Espagne de saint Maurice, 4. grand papier, *Paris, Ninville* 1666.
Voiage d'Olearius par Wuqueford, 4. *Paris* 1659.
Voiage de Champlain, *Paris* 1632.
Voiage de Monconys, *Lyon* 1665. 1666. 3. parties en un volume.
Voiage de la Reine de Pologne, *Paris* 1648.
Voiage du Levant par Monsieur Thevenot, 4. *Paris* 1654.
Voiage du Levant du Loir, 4. *Paris* 1654.
Voiages de la Boullaye, 4. *Paris* 1653.
Voiage du sieur de Breves, &c. maroquin, *Paris* 1628.
Voiage du P. de Rhodés, 4. *Cramoisy* 1666.
Voiage avantureux du Capitaine Alphonse, *Poitiers, Manef.*
Voiage de Pinto, 4. *Paris* 1645.
Voiage d'Orient en Allemand, 4. *Francofurti* 1582.
Voiage de le Blanc, 4. *Paris* 1648.
Voiage de Schouten, 4. *Amsterdam* 1618.
Petit voiage de Moscovie, 4. *Paris* 1656.
Relatione di Bottero, 4. *Venise* 1640.
Relations de Madagascar & du Bresil, 4. *Paris* 1651.
Relation touchant l'établissement de la Compagnie Françoise des Indes Orientalles, 4. *Cramoisy* 1666.
Relation de Tunchin & de Lao, *Paris, Clouzier* 1666.

Description

de feu Mᴿ Briot.

Description de l'Ukraine, 4. Beauplan, Roüen 1660.
Observations de Bellon, 4. Paris, Cavellat 1555.
Historia dello stato presente dell Imperio Ottomanno da Belli, 4. Venise 1672.
Historia Tunchinensis per Alexandrum de Rhodes, 4. Lugduni 1652.
Histoire de l'Empire Ottoman, Briot, 4. Cramoisy 1670.
Histoire du grand Mogol, de Bernier, 4. vol. Paris, Barbin 1670.
Histoire des Antilles par du Tertre, 4. 2. vol. Iolly 1667.
Histoire Naturelle & Morale des Antilles, par Rochefort, 4. Roterdam 1665.
Histoire des Yncas, Courbé 1633.
Histoire des Guerres Civiles des Espagnols dans le Perou, 4. 2. vol. Paris 1658.
Histoire de l'Isle de Madagascar, Flacourt, 4. Paris 1658.
Histoires des Califes & de Tamerlan par Vattier, 4. Paris 1658.
Histoire de Rheims de Bergier, 4. Rheims 1655.
Histoire des Indes Orientales par de Pure, 4. Paris, Ninville 1665.
Itinerarium Hierosolymitanum per Cotonicum, 4. Antuerpia 1619.
L'Alcoran de Mahomet, Durier, 4. Paris 1647.
Speculum Orientalis Occidentalisque Indiæ navigationum per Spilbergen & le Maire ab anno 1614. ad annum 1618. & 1619.
Le Commerce honorable, 4. Nantes 1646.
Consolato del Mare, 4. Venise 1674.
Us & coûtumes de la mer, 4. Bordeaux, Millanges 1661.
Trigaltius, expeditio Christianorum apud Sinas, 4. Augusta Vind. 1615.
Abul Pharagius de Moribus Arabum per Pocockium, 4. Oxoniæ 1650.
Les trois Mondes de la Popeliniere, 4.
Botterus de Urbibus, 4. Helmstadt 1665.
Geographia Nubiensis, 4. Parisiis 1619.
La Terre sainte du Pere Roger, 4. Paris 1646.
Narratio Regionum Indicarum per Hispanos devastatarum, 4. Francofurti 1598.
Plans & profils des Villes de France, de Tassin, 4. 2. volumes, maroquin, Tavernier 1634.
Beautez de la Perse, 4. Paris 1673.

M

Gylii Topographia Conſtantinopolitana, 4. *Lugd. apud Rouillum* 1561.
De vera Typographiæ origine, Mantel, 4. *Paris* 1650.
Hiſtoire de la Chine, Coulon , 4. *Cramoiſy* 1645.
Poſtel de la Republique des Turcs, 4. *Poitiers, Marnef.*
L'Affrique de Marmol, 4. 3. vol.
Tableau de la Suiſſe par l'Eſcarbot, *Paris* 1618.

VOYAGES ANGLOIS. in quarto.

A Perfect deſcription of Virginie, 4. *London* 1649.
Hawkins the obſervations in his voiage in tho, the South ſea, 4. *London* 1622.
Virgo triumphans or virginia by Gem, 4. *Lond.* 1650.
Thomæ Lechfords new England, *London* 1642. & 1643.
Trawels by Edoward Brown, *London* 1673.

VOYAGES in octavo.

VOYAGE du Breſil de Leri, 8. *Geneve* 1611.
Voiage de Pyrart, 8. 2. vol. *Paris* 1615.
Voiage de Schouten, *Paris, Gobert* 1618.
Voiage de l'Affrique de Razilly, 8. *Paris, Trabouillet* 1631.
Voiage des Indes Occidentalles, par Copier, 8. *Lyon, Huguetan* 1645.
Voiage de Berite, 8. *Paris* 1666.
Sargard, Voiage des Hurons, 8. *Paris, Denis Moreau* 1632.
Relations du Groenland, 8. *Paris* 1647.
Relation d'un voiage aux Indes Orientales, *Paris Villery* 1645.
Relation de l'Iſlande, 8. *Paris, Jolly* 1663.
Relations d'Æthyopie, *Paris, Cramoiſy* 1629.
Agricola de Bello adversùs Turcam Roſini, 8. *Lypſia* 1594.
Deſcriptique di Neapoli, &c. *da Gioſeppe, Mormile in Neapoli* 1625.
Gouvernement de Rome de ſaint Martin l'an 1659.

de feu MR Briot. 47

Grafferri Itinerarium, 8. *Bafileæ Konig* 1624. & Douzæ iter Conftantinopolitanum cum Palæftina Bonaventuræ Bofquieri, *Coloniæ Agrippinæ*, 1624.
Hiftoire de la nouvelle France de l'Efcarbot, 8. *Paris* 1618.
Hiftoire des Indes, de la Cofte, 8. *Paris* 1617.
Hiftoire de la Chine de Trigault, 8. *Paris, le Mur* 1618.
Hiftoire des Indes Occidentalles, *Paris, Sonius* 1584.
Hiftoire de la découverte des Canaries, *Paris, Soly* 1630.
Hiftoria Navalis, antiqua & media, Rivii, 8. 2. vol. *Londini* 1633. & 1640.
Heidmani Paleftina, 8. *Helmftadt* 1639.
Hottingerus, Hiftoria Orientalis 8. *Heidelbergæ* 1662.
Itinerarium Benjamini Tudelenfis, *Antuerpiæ, Plantin* 1575. cum Douzæ itinere Conftantinopolitano, *Raphelinge* 1509. & Bufbequii, *Plantin* 1582.
Itinerarium Benjamini de l'Empereur, 8. *Elzevir* 1633.
Itinerarium Antonini Orthelii, 8. *Coloniæ Agrippinæ* 1600.
Laët notæ ad differtationes Grotii de origine Gentium Americanarum, *Elzevir* 1643.
Martinus Martini de Sinica Hiftoria, 8. *Amftelodami* 1659.
Martinius Martinus de Bello Tartarico, 8. *Plantin* 1654.
Mercurius Italicus, 8. Joannis Phlanmerin, *Auguftæ Vindelicorum* 1625.
Ogerrii iter Danicum, Suevicum, Polonicum, 8. *Parifiis, Petit* 1656.
Sprizelii Elevatio Revelationis Montezinianæ de repertis in America Tribubus à Manaffe Ben Ifraël, *Buxtorphi Bafileæ* 1661.
Varenii defcriptio Regni Saponiæ & Siam, *Cambrigæ* 1673.
Wendelini admiranda Nili, 8. *Francofurti Vekel* 1623.

VOYAGES ANGLOIS in octavo.

Addison Weft Barbary, 8. *Oxford* 1671.
A Declaration of the Demeanor and Cariage, of fir Walter Raleich, 8. *London* 1618.
A defcription of the Grand Seignours Seraglio, 8. *London* 1653.
Blome Jamaica, 8. *London* 1672.

Gaillards the present state of the Princes, and Republices of Italy, London 1668.
Gem America or exat description of the West Indus, 8. 1665.
Greaves Pyramdographia, 8. London 1646.
Relacion of the River Nile, 8. London 1669.
Richard Lassels, Voiage Italy, Paris 1670.
Marows Historie by Walter Rawleik, London 1650.
The present state of Russia, 8. London 1671.
The Russian Impostor, 8. London 1674.

VOYAGES in douze.

Voyage du Prince de Condé, 12. *Lyon* 1635.
Voiage de Monsieur de la Haye en Danemark, 12. *Paris* 1664.
Voiage du Levant de Fermanelle, *Rouen* 1664.
Voiage des païs Septentrionaux, de la Martiniere, 12. *Paris* 1671.
Voiage d'Espagne, *Cologne*, 1666.
Voiage d'Italie traduit d'Anglois, 12. 2. vol. *Paris* 1671.
Relation d'un voiage d'Espagne, 12. *Paris, Barbin* 1664.
Relation d'un voiage fait en Flandre, Michel saint Martin, 12. *Caën*, 1667.
Relation Historique de Madere, 12. *Paris* 1671.
Relation d'un voiage vers le Roy Taffilette par Frejus, *Paris* 1670.
Relation du Nauffrage d'un vaisseau Hollandois sur la Coste de Quelpaerts, *Paris* 1671.
Relation nouvelle du Levant, 12. *Lyon* 1661.
Relation de l'Isle de Tabago, 12. *Paris* 1666.
Histoire de Barbarie, 12. *Paris, Rocolet* 1649.
Histoire de l'Amerique de Denis, 12. 2. vol. *Paris, Barbin* 1672.
Histoire Affricaine, Avogardo, 12. 1666.
Histoire Orientale par Postel, 12. *Paris, Marneff* 1575.
Histoire de la Religion des Benjans, 12. *Paris* 1667.
Histoire de deux Turcs & d'un Juif 12. *Paris* 1673.

Histoire de la Guerre des Cosaques, 12. *Paris Barbin* 1663.
Histoire des Singularitez d'Angleterre, 12 *Paris* 1667.
Histoire naturelle d'Irlande, 12. *Paris* 1666.
Histoire de l'Amerique de Denys, 12. 2. vol. *Paris, Barbin* 1672.
Admiranda Sinæ & Europæ, 12. *Francofurti* 1655.
Ambassade des Hollandois vers l'Empereur de la Chine, *Leyde* 1665.
Borri Ambasciata di Romolo à Romani, 12. *Bruxelles* 1671.
Commentarioli Britannicæ descriptionis, 12. *Coloniæ Agrippinæ* 1672.
Estat de l'Empire de Russie, Margeret, *Paris* 1669.
Estat du Royaume d'Affrique de Taffilet, *Paris* 1670.
Golnitzii Ulysses Gallo-Belgicus 12. *Lugduni Batavorum* 1655.
Itinerario della corte di Roma, 12. 2. vol. *Bizanzonè* 1673.
La Cour Ottomane ou l'Interprette de la Poite, *Paris* 1673.
Liberté d'Aranda, 12. *Paris* 1665.
Navigation de Linschot aux Indes Orientales, 12. *Amsterdam* 1638.
Spigellii de re litteraria Sinensium, *Lugd. Bat.* 1661.
Topeltini origines & occasus Transsylvanorum, 12. *Lugd. Batav.* 1667.
Thesori de la corte di Roma, 12. *Bruxelles* 1672.

VOYAGES ANGLOIS in douze.

CHAMBERLAINES present state of England, 12. 2. vol. *Savoye* 1669.
Fellows present state of the united Provinces, 12. *London* 1669.
Gaillards present state of Venice, 12. *London* 1669.
Osborns advice to a son or directions for your Conduct, 12. *Oxfordt* 1668.
The adventures of M. I. S. an English Merchant prisoner by the Turks of Argiers, 12. *London* 1670.
The History of the Turkish Wars in Hungary, Transsylvany, &c. *London* 1664.
The History of Jewells, 12. *London* 1669.

GEOGRAPHES in fol. 4. 8. & 12.

Strabonis Geographia, Casauboni, fol. gr. latin. *Parisiis* 1620.
Petri Karrei Germania inferior, fol.
Romani utriusque Imperii descriptio, fol.
Recüeil de diverses Cartes de Geographie, fol. 1512.
Description de la Mer Mediterranée, fol.
Miroir de la Navigation, fol.
Les Provinces de France de Tassin, fol.
Les Cartes des dix-sept Provinces, fol.
Cartes de Samson, & ses Tables, fol.
Le Monde de Samsom, 4. 2. vol. *chez Laeettecer.*
Tabulæ Geographicæ & Hydrographicæ Simonis Pauli, 8. *Argentorati* 1670.
Papyrius Massonus de fluminis Galliæ, 8. 1518.
Rivieres de France de Coulon, 8. 2. vol. *Paris* 1644.
Mercure Geographique du P. Lubin, 8. *Paris* 1678.
Tables Geographiques du P. Lubin, pour les Vies de Plutarque, 12. *Paris* 1671.

HISTORIENS NATURALISTES in fol.

Cardanus de Rerum varietate, fol. *Basileæ* 1657.
Hortus Curtii, fol.
Manlii Boetii opera, fol. *Basileæ.*
Hardouinus de Venenis, fol. *Basileæ.*
Licostenes de Prodigiis, fol. *Basileæ.*
Porta de Magia naturali, fol. *Neapoli* 1589.
Porta de Physionomia, fol. *apud Cacchium* 1589.
Achillini Chyromantia, fol. gothique.
Cardani Metoscopia, fol. *Jolly* 1658.
Gilbertus de Magnete, fol. *Londini* 1600.

de feu Mʳ Briot.

Agricolæ opera, fol. 3. vol. *Froben, Basileæ.*
Tirenius de Fato, fol. *Zilet, Venetiis* 1553.
Bartii adversaria, fol. *Francofurti* 1624.
Laurentii Vallæ opera, fol. *Basileæ.*
Paduanius de Ventis, fol. *Bononiæ* 1601.
Kircher de Arte Magnetica, fol. *Romæ* 1654.
Pomponatii opera, fol. gothique.
Authores varii de Balneis, fol. *Venetiis, Junctes* 1553.
Licetus de Hyeroglifica, fol.
Picus Mirandulanus, fol. 2. vol. *Basileæ, Henry Petre.*
Conciliator inter Medicos & Philosophos, *Venetiis, Juntes* 1565.
Telesius de Rerum natura, fol. *Neapoli* 1586.
Patricii Philosophia nova, fol. *Ferrariæ* 1591.
Patricii Disquisitiones Peripateticæ, fol. *Basileæ* 1681.
Baconis opera, fol. 3. vol. *Londini.*
Marcilii Ficini opera, fol. 2. vol. *Basileæ* 1561.
Proclus in Platonem, fol. *Hamburgi* 1618.
Platonis opera cum commentariis Serrani, fol. 3. vol. *Basileæ.*
Aristotelis opera, fol. 2. vol. *Duval* 1619.
Aristoteles de Animalibus, fol. *Tolosæ* 1619.
Aristotelis opera, Casauboni, fol. 2. vol. *Lugduni, Lemar* 1590.
Sextus Empyricus, fol. gr. latin. *Genevæ* 1621.
Athenæus Casauboni, fol. 2. vol. *Comelin* 1597.
Moufetus de Insectis, fol. *Londini* 1634.
Musæum Veronense, fol.
Sagi di Natura experienzé, fol. *Florentiæ.*
Experimenta de Vacui spatio, fol.
Historia naturalé di Ferrante, fol. *Jeanson* 1672.
Musæum Vormianum, fol. *Elzevir* 1655.
Hesperides Ferrarii, fol. *Romæ.*
De Lobel de Plantis, fol. *Plantin* 1576.
Mathiolus Bavhini, fol. 1598.
Mathiole en françois, fol. *Lyon* 1642.
Clusius de Plantis, fol. 2. vol. *Plantin* 1601. *Raphelinge* 1665.
Rerum Medicarum novæ Hispaniæ, fol. *Amstelodami Veechius, Romæ* 1651.
Dodonæus de Plantis, fol. *Plantin* 1583.
Theophrastus de Plantis, fol. *Amstelodami* 1644.

Bavhini Hiftoria Plantarum, fol. *Ebrodini* 1650.
Hiftoria Plantarum Dalefchamps, fol. *Lugduni* 1647.
Gerard, Hiftoires des Plantes, fol. 1636.
Mathiolus Valgrifii opera, fol. peint aprés nature.
Aldrovandus fol. 13. vol.
Jonftoni opera, fol. 2. vol.
Baccius de Thermis, Valgrife, 1561. & 62. de Vineis, fol. *Romæ* 1596.
Mundus fubterraneus Kircheri, fol.
Aquapendente de formato fœtu, fol. gr. papier, *Venetiis* 1620.
Aquapendente de voce & auditu, fol. *Venetiis* 1600.
Dureti Hippocratis Coacæ, fol. peint 1621.
Oeconomia Hippocratis Frifii, fol. *Vekel* 1588.
Hyppocrates Marciani, fol. *Venetiis* 1952.
Septalius in Hippocratem, fol. *Francofurti* 1645.
Arnaldus de Villa-nova, fol. *Bafileæ* 1595.
Sckinchii obfervationes, fol. *Francofurti* 1615.
Phyfica Hildegradis, fol. parchemin, *Strafbourg* 1533.
Mathiole en Allemand, fol. enluminé.
Rondelet des Poiffons, fol. *Lyon, Bonhomme* 1558.
Ambrofii Hiftoria Animalium, fol.
Tableaux de Philoftrate, fol.
Philoftrati Lemnii opera, fol. *Parifiis* 1608.
Jonfton de Quadrupedibus, fol. *Amftelodami* 1657.
Jonfton de Infectis, fol. *Amftelodami* 1657.
Hiftoria naturale di Ferrante, fol. *Neapoli* 1599.
Rodrici à Caftro de morbis mulierum, fol. *Coloniæ* 1603.
Lacunæ Epitome Galeni, fol. *Bafileæ* 1651.
Claudini opera Medica, fol. *Venetiis* 1607.
Saxoniæ opera Medica, fol. *Patavii* 1639.
Cardanus de fanitate tuenda, fol. *Bafileæ, Eripetre.*
Gorræi opera, fol. *Parifiis*, 1522.
Patin, in Fulvium Urfinum, fol. gr. papier, 1663.
Medicæ artis Principes, fol. 2. vol. *Henry Eftienne* 1569.
Oeuvres de Paré, fol. *Paris, Gabriël Buon* 1575.
Taliacotii Chyrurgia, fol. *Venetiis* 1597.
Vefalii Anatomia, fol. *Bafileæ* gr. papier.
Anatomia Spigellii, fol. *Blaeu* gr. papier.
Laurentii Anatomia, fol. *Parifiis, Ovray* 1600.

Placentini

de feu MR Briot.

Placentini Anatomia, fol. *Francofurti* 1612.
Livres de Chymie, Allemands, fol. *Lauzanne.* Alchar Allemand, *Francofurti* 1629.
Paracelfus, fol. 3. vol. Allemand, *Strafbourg* 1616.
L'Artillerie d'Urfano, fol. *Francofurti* 1614.
Strada des Moulins, fol. 1617.
Architecture de Delorme, fol. *Morel* 1568.
Architecture de Vignole, fol. *Amfterdam* 1617.
Tichonis Brahæi Mechanica, fol. parchemin, *Manciberga* 1602.
Architecture d'Albert, fol. *Paris, Keners* 1553.
Architectura privata, Allemand fol. *Aufbourg.*
Guidonis Baldi Mechanica, fol. *Pifauri* 1577.
Cardanus de proportionibus, fol. *Bafileæ.*
Architecture du Muet, fol. *Tavernier* 1623.
Architectura Vitruvii, fol. *Lugd. Batav.*
Architectura del Scamothi, fol. *Venetiis.*
Hydrographie du P. Fournier, fol. *Paris, Soli* 1643.
Copernicus de Revolutione, fol. *Bafileæ.*
Inftitutions Aftronomiques, fol. *Vafcofan* 1557.
Hevelii Selenographia, fol.
Rofa Urfina, fol. gothique, *Badeliani.*
Atlas Cæleftis, fol. cuir de Thunis.
Difcours Aftronomique de Beffon, fol.
Boiffot, artifices & inftrumens de guerre, Allemands, François, fol. *Strafbourg* 1603.
Beffon des Mechaniques.
Aquillonii optica, fol. *Plantin* 1613.
Vitellionis optica, fol. *Bafileæ* 1572.
Anthoniana Margarita, fol. 1554.
Opera Mathematica Riccioli, fol. 5. vol.
    De Spontaneo viventium motu, fol. ⎫
    De Lucernis antiquis, fol. ⎬ *Patavii.*
    De intellectu agenti, fol. ⎪
    De Alimento, fol. ⎭
Gaffendi opera, fol. 6. vol.
Flave Vegece de l'Art militaire, fol. gothique, *Vekel* 1536.

HISTORIENS NATURALISTES
ANGLOIS in folio.

MICOGRAPHIA by Rhooke, fol. *London* 1665.
Paradisus Terrestris Parkinson, fol. *London* 1629.
Observations upon experimental Philosophy by the Duchess Niewcastel, fol. *London* 1666.
Ejusdem Philosophical Lettres.
Sociable Lettres.
Orations.
Poëme.
Philosophical and Physical opinions.
Plays Newer Before.
Method Thodresse.
Borses du Duc de Niewcastel.
The Anathomia of melancolie, fol. *Oxfordt* 1658.
Theatrum Botanicum Parkinson, fol. *London* 1640.
Digbi de Immortalitate Animæ, fol. *Anglois* peint, 1644.

HISTORIENS NATURALISTES in quarto.

ALPINUS de Plantis Ægypti, 4. *Cabanii* 1640.
De ortu Animæ humanæ, 4. *Geneve* 1602.
De Vita, 4. *Geneve* 1607.
De propriorum operum Historia, 4. *Patavii* 1634.
De Anima, 4. *Vtini* 1637.
De quæsitis per Epistolas, 4. 2. vol. *Vtini* 1646.
De Mulctra, 4. *Vtini* 1636.
De Monstris, 4. *Patavii* 1668.
De Encyclopedia, 4. *Patavii* 1635.
De Annulis antiquis, 4. *Vtini* 1645.
De Natura & Arte tractatus varii, 4. *Vtini* 1640.
De Lunæ subobscura luce & de lapide Bononiensi, 4. *Vtini* 1640. & 42.

de feu Mʳ Briot. 55

De perfecta constitutione hominis in utero, 4. *Patavii* 1616.
Omnibonus de Arte Medica, 4.
De Boot Gemmarum & Lapidum Historia, 4. *Hannoviæ, Marnius* 1609.
Moebii Anatomia, Camphoræ, 4.
Colerus de Bombyce, 4.
Heiland monstri Hassiaci disquisitio Medica, 4. *Jenæ* 1660. & *Gießæ Hastorum* 1665.
Lucanus de Universi natura, 4. *Amstelodami* 1661.
Butius de Antiquorum Potu, 4. *Romæ* 1653.
Guilandini Papyrus, 4. *Venetiis* 1672.
Bruyn de Natura & proprietate lucis, 4. *Elzevir* 1663.
Vossius de motu Marium & Ventorum, 4. *Hagæ-Comitis* 1663.
Vossius de natura & proprietate lucis, 4.
Grulingii Florilegium Hyppocrate-Galeno-Chymicum, 4. *Lipsiæ* 1645.
Nardi disquisitio Physica de Rore, *Florentiæ* 1642.
Ephemerides Medico-Physicæ, Germanicæ, 4. 5. vol. *Lipsiæ* 1670. ad annum 1677.
Bartolini Acta Medica, 4. 2. vol. *Hafniæ* 1673.
Scotti Physica curiosa, 4. 2. vol. *Herbipoli* 1657.
Scotti Thectica curiosa, 4. *Herbipoli* 1664.
Scotti Schola Stegonographica, 4. *Herbipoli* 1665.
Severinus de Vipera, 4. *Patavii* 1651.
Osservationi intorno alle Vipere da F. Redi, 4. *in Firenze* 1664.
Esperienze di Redi, 4. 2. vol. *in Firenze* 1671.
Spontonus de pulvere Viperino, 4. *Romæ* 1648.
Malpigii dissertatio de Bombyce, 4. *Londini* 1669.
Charletonis Onomasticon Zoicum, &c. 4. *Londini* 1668.
Klobii Historia Ambræ, 4. *Witembergæ* 1666.
Verlingii Anathomia, 4. *Patavii* 1647.
Obbs de homine, 4. *Londini* 1658.
de Cive, 4. *Parisiis* 1642.
Caneparius de Atramentis, 4. *Londini* 1660.
Pinax Microcosmographicus, 4. maroquin, 1615.
Tractatus de Tabaco, 4. *Manieni Ticini* 1648.
Neandri Bremani Tabacologia, 4. *Elzevir*.
Historia vini & Febrium, 4. *Tirelli Venetiis* 1630.
Grevinus de Venenis, 4. *Plantin* 1571.
Suvammerdam de uteri mulierum fabrica, 4. *Lugd. Batav.* 1672.

Malpighius de formatione pulli in ovo & de Bombyce.
Agricolæ opera, en Allemand, 4. *Lipsiæ* 1638. & 1639.
Petrus Salius de Febre pestilenti, 4. *Boloniæ* 1584.
Medulla distillatoria, 4. Allemand, *Hamburgi, Froben* 1638.
Traité du feu & du sel, 4. *Langelier* 1618.
Historia Plantarum, Bavhini, 4. *Geneva* 1619.
Baufinius de fontibus & Balneis in Ducatu Witembergæ, 4. *Montis Beligardi* 1598.
Portius de coloribus, 4. *Florentiæ Torrentini* 1548.
Cæsalpinus de Metallicis, 4. *Romæ* 1596.
Philosophia naturalis reformata Gerardi & Arnaldi, 4. *Dublinii* 1641.
Dialogo di Galileo Galilei, 4. De lo Systemate del Mundo, *in Florenza* 1532.
Essais des merveilles de Nature, 4. *Roüen, Osmond* 1621.
Vennerie de Foüilloux & Fauconnerie de Franchieras, 4. *Paris, Magnier* 1585.
De Auro Dialogi tres, 4. *Venetiis, apud Joannem à Porta* 1584.
Laet de Gemmis & Lapidibus, 4. *Lugd. Batav.* 1647.
Marucii Quadripartitum melancholicum, 4. *Romæ* 1645.
Alpinus de Medicina Ægyptiorum, 4. *Parisiis* 1643.
Cardanus de insomniis, 4. *Basileæ, Henry Petre.*
Vorstii disputatio Medica, 4.
Sennertus practicæ Medicinæ, 4. 6. vol. en 5. *Witembergæ* 1636.
Ejusdem Institutiones, 4. 2. vol. *Witembergæ* 1644.
De Febribus, 4. *Witembergæ* 1629.
De Chymia, 4. *Witembergæ* 1629.
Theses de Febribus, 4. *Witembergæ* 2. vol. 1628.
Nicandri Theriaca, 4. *Parisiis, Morel* 1557.
Ophtalmographia Plempii, 4. *Amstelodami* 1632.
Martinus in Hyppocratem, 4. *Paris* 1646.
Nova & Arcana doctrina Febrium, Meyssonerii, 4. *Lugd. Batav.* 1641.
Perdulcis opera Medica, 4. *Paris, Sauvageon* 1648.
Helnicus de usu fontium, 4. *Schwalbaci* 1631.
Codex Medicamentarius seu Pharmacopea, 4. *Parisiis* 1645.
N. Massei Epistolæ, 4. *Venetiis* 1558.
Gontherus de sanitate tuenda, 4. *Lugduni* 1668.
Schockii de Extasi tractatus singularis, 4. *Groningæ* 1661.
Menjotus de Febribus malignis, 4. 4. vol. en 3. *Cramoisy* 1665.

Claramontius

Claramontius de conjectandis animi affectibus, 4. *Venetiis* 1625.
Demosterion de Roch le Baillif, 4. *Roüane* 1578.
Galenus de alimentorum facultatibus, 4. *Parisiis, Colinet* 1530.
Galenus de usu Partium, 4. *Parisiis, Colinet* 1528.
Falopius de Medicatis aquis, 4. *Venetiis, Zilet* 1564.
Praxis medicorum, 4.
Clarificatorium Joannis de Tornamerare, 4. gothique.
De la Chambre, Nova methodus pro explanandis Hyppocrate & Aristotele, 4. *Parisiis* 1645.
Prosper Alpnius de præsagienda vita & morte ægrotantium, 4. *Venetiis* 1607.
Cæsalpini Aretani quæstiones Medicæ, 4. *Venetiis, apud Juntas* 1593.
Wrtzii Chyrurgia, 4. en Allemand, *Basileæ, Henry Petre*.
Paduanus de corporis partium significationibus, 4. *Veronæ* 1589.
De Physionomia da Grisaldi, 4. *in Trevigi* 1611.
Anathomia corporis humani Diemenbroeck, 2. vol. 4. *Vltrajecti* 1672.
Villis Anatomia cerebri, 4. *Londini* 1664.
Stenonis Elementorum Myologiæ specimen, 4. *Florentiæ* 1667.
Bilsii specimina Anathomica, 4. *Roterodami* 1661.
Kerchingii spicilegium Anathomicum, 4. *Amstelodam* 1670.
Pequetti experimenta Anathomica, 4. *Cramoisy* 1664.
Introductio ad Chymiam, 4. *Basileæ*.
Veckeri Antidotarium, 4. *Basileæ, Valkirch* 1601.
Renodæi Pharmaceutica, 4. *Parisiis* 1623.
Hadriani à Minsicht Armamemarium Medico-Chymicum, 4. *Lubecæ* 1638.
Guntheri observationes Chymiatricæ, 4. *Lugd. Bat.* 1581.
Untzeri tractatus Medico-Chymicus, 4. *Halæ-Saxonum* 1634.
Alberti Quatrocchii disputatio de ponderibus, 4. *Venetiis, officina Phamacoceuticæ Veins* 1617.
Faventinus de morbis membrorum curandis, 4. *Ingolstadt* 1545.
Angeli salæ opera Medico-Chymica, 4. *Francofurti* 1647.
Bergodenung de Nuga, en Allemand, 4. *in Brunswick* 1593.
Porta de distillatione, 4. *Romæ* 1608.
Vanhelmontis opera, 4. *Elzevir* 1648.
Cœlum Philosophorum, 4. *Argentorati* 1628.
Geberi Alchymia, 4. *Argentorati* 1629.
Genius ad diam Scholam, 4. *Parisiis* 1654.

Traité de l'Eau de vie, 4. *Paris, Chambre* 1646.
Dæmonomancie de Bodin, 4. *Paris* 1587.
Theophrasti vade mecum, 4. *Magdeburgi* 1607.
Claudini Concilia Medicinalia, Lotimbac, *Francofurti* 1605.
Remigii Dæmonolatria, 4. *Lugduni* 1585.
Vierrus de Præstigiis Dæmonum, 4. *Basileæ, Oponim* 1583.
Pharmacopea Amstelodamensis, 4. *Amstelodami* 1643.
Appiani Cosmographia, 4.
Tabulæ Astronomicæ Alphonsi Regis, 4. gothique, *Venetiis* 1503.
Philolaus de Systemate Mundi, 4. *Blaeu* 1639.
Joannis Hispaliensis Astrologia, 4. *Norimbergæ* 1548.
Stempellius & Zelstius Astrolabii fabrica vetus, 4. *Leodi* 1602.
Kepleri Optica, 4. *August. Vind.* 1611.
Goclenii Niptus de Auguriis, 4. *Marpurgi* 1614.
Aretius de Cometis, 4. *Beone* 1556.
Astronomie inferieure, 4. *Paris* 1644.
Gilbertus de Mundo nostro.
Manilii Astronomicon Scaligeri, 4. *Plantin, Raphelinge* 1600.
Gassendi Epistolæ, 4. *Paris* 1642.
Gassendi vita Tichonis Brahæi, 4. *Parisiis* 1654.
Apologia Gassendi, 4. *Lugduni* 1649.
Eugenii Systema Saturninum, 4. *Hagæ-Comitis* 1659.
Opere del Galileo, 4. 2. vol. *Bologne* 1656.
Licetus de novis Astris, 4. *Venetiis* 1623.
Physionomia cælestis Portæ, 4. *Neapoli* 1603.
Harvæus de generatione Animalium, 4. *Londini* 1651.
Faber de Plantis & generatione Animalium, 4 *Paris* 1666.
Piso de Cometa, 4. *Ponto ad Motionem* 1619.
Mizaldi Cometo-Graphia, 4. *Parisiis Vekel* 1549.
Horographicum Catholicum Sarazini, 4. *Parisiis* 1630.
Gassendi institutio Astronomica, 4. *Parisiis* 1647.
Lettres de Morin, de la Roche & Nevré à Gassendi, 4. *Paris* 1650.
De Testimoniis Patrum in conclusionibus merè naturalibus non usurpandis à Galilæo, 4. *Augusta, Treboc* 1636.
Gilberto de Mundo nostro sublunari, 4. *Amstelodami, Elzevir* 1641.
Architectura Vitruvii, 4. *Lugduni, apud Tornesium* 1652.
Petri Rami Arithmetica & Geometria, 4. *Francofurti* 1627.

Traité des feux d'artifices & machines de Guerre, 4. *Pont à Mouffon* 1620.
Perspective pratique, 4. *Paris* 1642.
Perspective de Migon, 4. *Paris* 1643.
Science des Eaux, par le Pere Jean François, 4. *Rennes* 1653.
Zucchii nova de machinis Philosophiæ, 4. *Roma* 1649.
Cosmolabe de Besson, 4. *Lyon, Roüille* 1567.
Cosmographie d'Appian, 4. *Paris, Guillemot* 1551.
Hues de Globis, 4. *Amstelodami* 1624.
Blaeu de l'usage des Globes, 4. *Amsterdam* 1592.
Nova reperta Geometrica Alfonsi à Jansonio, 4. *Arnhemii* 1620.
Brieti Geographia, 4. 3. vol. *Cramoisy* 1648.
Declaration de l'usage du Graphometre par Danterie 1597.
Optica promota à Gregorio, 4. *Londini* 1663.
Fundamentum opticum Schineri, 4. maroquin, *Oeniponti* 1619.
Usus Astrolabii Frisii. 4. *Antuerpiæ* 1583.
De dominis de Radiis visus, 4. *Venetiis* 1611.
Pitisci Trigonometria, 4. 1600.
Prospectiva di Euclidi di Larisco, 4. *in Florenza, Juntes* 1573.
Euclidis optica, 4. *Parisiis, Duval* 1604.
Porta de furtivis litterarum notis, 4. *Neapoli* 1553.
Le premier Livre d'Archimede de Baziers, 4. *Perier* 1565 ou 95.
Hobes contra Geometras, 4. *Londini* 1666.
Bullialdus in Theonem Platonicum è Bibliotheca Thuana, 4. *Paris* 1644.
Favilla ridiculi muris per Bernerum, &c. 4. *Paris* 1653.
De emendatione Mathematicæ hodiernæ, 4. *Londini* 1660.
Deliciæ Physico-Mathematicæ, 4. *Schwenter Nuremberg* 1586.
Turcaro de l'art de voltiger, 4. *Paris* 1599.
Champfleury de la proportion des Lettres, 4. *Bourges* 1529.

HISTORIENS NATURALISTES
Anglois in quarto.

Philosophicall Transactions, 4. 9. vol. en 5. tomes London 1665. & deux feüilles.
Boyle Essays, 4. *London* 1661.

Boyle experimental Philofophy, 4. 5. vol. *Oxfordt.*
Power experimental Philofophy, 4. *London* 1664.
A Theatre of Political Flying-Infects by Purchas, *London* 1657.
Samuel Hartlib his legacy of hufbandry, 4. *London* 1655.
Marcy idea operatrix, 4. 1635.
Butllers feminine Mornachie or the Hiftorie of bees, 4. *London* 1623.
Obfervations upon Bacon natural Hiftory, 4. *Oxfordt* 1658.
The mifteries of nature, and arth By Joanne Batte, 4. 1635.
The caufe of the execution of S. Valter Raleich, 4.
Greun Anatomy of Trunchs, 4.
Greun Anatomy of Rots, 4.
The Roches of Chriftiani ftipun racke, 4.
A Irin defcription of his Majefties Royall, 4. *London* 1657.
Wiliam afpeck delivred in the Starrehamberg, 4. *London* 1637.
Conferences concernings the privileges, of the Sujets, 4. *London* 1622.
An Hiftorical Narration, 4. *London* 1631.
William colbon art of arithmetike, *London* 1612.
Fofter Elliptical Horologiography, 4. *London* 1654.
Paradifus Terreftris Perckuifon, fol. *Londini* 1629.

HISTORIENS NATURALISTES in octavo.

CHYROMANCE de Tricaffe, 8. *Paris, Droüart.*
Pontanus de Meteoris, 8. *Argentorari* 1545.
Onomafticon Philofophico-medicum, 8. *Allemagne* 1574.
Agrippa de vanitate fcientiarum, 8. de la bonne edition.
Goclenius de rifu & lachrymis, 8. *Marpurgi* 1597.
Wierus de præftigiis Dæmonum, 8. *Bafileæ Oporin* 1566.
Peucerus de divinatione 8. *Witemberga* 1553.
Cenforinus de die natali, 8. *Lugduni Bat.* 1642.
Meurfii filii Arboretum facrum, 8. *Elzevir* 1642.
Clufii Hiftoria Aromatum apud Indos, 8. *Plantin* 1593.
Amati Lufitani Diofcorides, 8. *Lugduni Bon-bomme* 1558.
Hobes Problemata Phyfica, 8. *Londini* 1662.
Fer de Abfynthio Analecta, 8. *Lipfiæ* 1668.

Becheri

de feu MR Briot.

Becheri fubterranea, 8. *Francofurti* 1669.
Sennerti Hypomnemata Phyfica, 8. *Francofurti* 1640.
Sennerti Epitome naturalis fcientiæ, 8. *Francofurti* 1650.
Couleii Poëmata de Plantis &c. 8. *Londini* 1668.
Sachs Ampelographia, 8. *Lipfiæ* 1661.
Sachs Gammarologia, 8. *Francofurti* 1665.
Sachs ad Danielem Majorem de Cancris & Serpentibus putrefactis, 8. *Ienæ* 1664.
Gliffonii Anatomia Hepatis, 8. *Londini* 1654.
Bartholinus de luce Animalium, 8. *Lugduni Bat.* 1647.
Bartholini Hiftoriarum Anatomicarum centuriæ feptem, 8. 3. vol. *Amftelodami* 1644. *Hafniæ* 1661. & 1664.
Bartholini Hiftoria Anatomica aneuryfmatis, 8. *Panormii* 1644.
Bartholinus de Nivis ufu medico, 8. *Hafniæ* 1661.
Bartholini Epiftolæ Medicinales, 8. *Hafniæ* 1663.
Bartholinus de Medicina Danorum, 8. *Hafniæ* 1666.
Bartholinus de Cometa, de poris, de confuetudine & de hepate, 8. *Hafniæ* 1665.
Seidelius de Ebrietate, 8. *Hannoviæ* 1594.
Needam de formato fœtu, 8. *Londini* 1667.
Graft de virorum organis &c. 8. *Lugduni Bat.* 1668.
Graft de mulierum organis, 8. *Lugduni Bat.* 1672.
Bavhinus de lapidibus Bezoaris Orientalibus & Occidentalibus, 8. *Bafileæ* 1629.
Bavhinus de Hermaphroditis, 8. *Oppenheim* 1614.
Gratarolus de Vini natura, 8. *en Allemagne.*
Chefneau obfervationes Medicæ, 8. *Parifiis* 1671.
Lower Tractatus de corde, *Londini* 1669.
Bettus de ortu & natura fanguinis, 8. *Londini* 1669.
Wharton Glandularum defcriptio, *Londini* 1656.
Portæ Phyrognomonica, 8. *Francofurti* 1608.
Gliffonius de Rachitide five morbo puerili quæ vulgo Rickets dicitur, *Londini* 1655.
Willis de fermentatione, febribus & urinis, 8. *Londini* 1659.
Kozak Tractatus Hæmorragiæ, 8. *Vlmæ* 1666.
Suammerdam de Refpiratione, 8. *Lugduni Bat.* 1667.
Kornmanni Templum naturæ, 8. *Darmbftadii* 1611.
Goclenius de mirabilibus naturæ, 8. *Francofurti* 1643.
Palmarius de morbis contagiofis, 8. *Francofurti* 1601.
Salmafii de Manna & Saccharo Commentarius, 8. *Paris* 1664.

Bruyerinus de re cibaria, 8. *Francofurti* 1600.
Sebirius de Acidulis, 8. *Argentorati* 1625.
Roet Pestis adumbrata, 8. *Londini* 1666.
Sidenham modus curandi febres, 8. *Londini* 1666.
Truston de respiratione, 8. *Londini* 1670.
Baconis Historia ventorum, 8. *Londini* 1622.
Ejusdem Historia vitæ & mortis, 8. 1623.
Tractatus varii de coloribus, 8.
Dodoneus de observatione Medica, 8. *Lugd. Bat. Plantin* 1585.
Gansii Historia corallorum, 8. *Francofurti* 1630.
Lefranc de Anima animante, 8. *Londini* 1664.
Hieronymi Rorarii exlegati Pontificii quod animalia Bruta ratione utantur melius homine, 8. *Cramoisy* 1648.
Charas de la Vipere, 8. *Paris* 1669.
Traité des Abeilles, 8. *Liege* 1646.
Lettera di Francesco Redi intorno al suo trattato della Vipera, 8. *Florence* 1670.
Discours du Tabac, 8. *Paris* 1668.
Goëdartius de Insectis, 8. 3. vol. maroquin, *Medioburgi*.
Habdaramannus de proprietatibus Medicis, 8. *Paris; Cramoisy* 1647.
Salmasius in Aphorismos Hyppocratis, 8. *Lugduni Bat.* 1640.
Miræi elogia Belgica, 8. *Antuerpiæ* 1602.
Gordonii Lilium Medicinæ per P. Uffembach, 8. *Francofurti* 1617.
Varandeii Physiologia, 8.
Moronus, directorium Medico-practicum, 8. *Lugduni* 1647.
Corringius de sanguinis generatione & motu naturali, 8. *Lugduni Bat.* 1646.
Discours du vuide de Guiffart, 8.
Rattray aditus ad occulta Sympathiæ & Antipathiæ, 8. *Glasque* 1658.
Discours de Stenon sur l'Anatomie de cerveau, 8. *Paris* 1669.
Zimaræ Antrum Magico-Medicum, 8. *Francofurti* 1625.
Bruele Praxis Medicinæ, 8. *Lugduni Bat.* 1628.
Burgravii Ernesti Palatini Biolychnium & Sala de auro potabili, 8. *Argentorati* 1629. & 30.
Riverii observationes Medicæ, 8. *Londini* 1646.
Opera Chyrurgica de Vigo, gothique.
Wecker des secrets & miracles de Nature, *Lyon* 1584.

de feu MR Briot. 63

Des Satyres, Monstres & Demons & de leur culte, par Hidelin, *Paris* 1627.
Physionomia da Pinzio di Anth. del Moulin ond de le superstitioni antichi de gli starnuti, &c. *Lyon, Tournes* 1650.
Euchyridium Physicæ restitutæ, 8. *Paris* 1623.
Fuchsius, Historia Plantarum, 2. vol. *Parisiis* 1543. *Basileæ* 1545.
Secrets de Liebaut, 8. *Paris* 1579.
Dæmonomagicæ Quæstiones, par Elich, 8. *Francofurti* 1607.
Traité des Demons de Perreaud, 8. *Geneve* 1653.
Memoires & Recherches de France, par la Haye, *Paris* 1581.
Traité de la Pelleterie, *Paris, Billaine* 1634.
Histoire de l'Etat & Republique des Druides, de Noël, 8.
Bodini Theatrum Naturæ, 8. *Lugduni* 1596.
Rullandi Centuriæ, 8. *Lugduni* 1628.
Cardanus de varietate, 8. *Lugduni, Estienne Michel* 1580.
De subtilitate, 8. *Basileæ, Henry Petre* 1611.
Accouchement des femmes de Liebaud, 8. *Paris, Pacard* 1620.
Salmasius de Fœnore, 8. *Lugduni Bat.* 1640.
Bulengerus de Vectigalibus, 8. *Tholosæ* 1612.
Boxornii & Maresii dissertationes de Trapezitis, *Lugduni Batav.* 1640.
Cornarius Theologia vitis viniferæ Sculteti, 8. *Heydelbergæ* 1614.
Morison hortus Regius Blesensis, 8. *Londini* 1669.
Dottomannus de Thermis Bellilucanis, 8. *Lugduni, Pesnot* 1679.
De cerebri morbis, Jasonis Pratensis, 8. *Basileæ, Henry Petre* 1539.
Elsholtii Antropometria, 8. *Francofurti sur l'Oder* 1663.
Garciæ historia Aromatum apud Indos, 8. *Plantin* 1567.
Symphoriani Hortus Gallicus, 8. *Lugduni* 1533.
Ranzovius de conservanda valetudine, 8. *Antuerpiæ* 1584.
Cornaro du regime de vivre, 8. *Paris* 1647.
Lessius de conservanda valetudine, 8. *Plantin* 1614.
Roginus Baconus de retardanda senectute, 8. *Oxfort* 1590.
De vera Quercus Historia, 8. *Lugduni, Roüille* 1555.
Tabidorum Theatrum Benedicti, 8. *Londini* 1656.
Bimius de Peste ad vivum delineata, 8. *Leodici Eburonum* 1671.
Gesnerus de Gemmis & Lapidibus, 8. *Tiguri* 1565.
Mockius de aquarum affectibus, 8. *Friburgi* 1596.

La Chambre, de la connoissance des Animaux, 8. *la Rochelle* 1646.
De causis pluviæ purpureæ, 8. *Bruxelles* 1647.
Ordonnances du Roy, sur le fait des Mines, 8. *Lyon* 1575.
Modestie fachsen probier Buchlein, Allemand, 8. *Amsterdam* 1669.
Nuisemen, traité du Sel & de l'Esprit du Monde, 8. *Paris* 1621.
Canonherius de admirandis vini virtutibus, 8. *Antuerpiæ* 1627.
Fienus de fœtus formatione, 8. *Antuerpiæ* 1620.
Bulliadus de natura lucis, 8. *Parisiis* 1638.
Tractatus varii de coloribus, 8. *Parisiis, Marbourg*, &c.
Rosseti Partus Cæsareus, sive de fœtu Lapideo, 8. *Paris* 1590.
Merett Pinax rerum naturalium Britannicarum, 8. *Londini* 1667.
Rondelettus de Ponderibus Medicamentorum, 8. *Lugduni* 1563.
Mizaldi opuscula varia, 8. *Paris, Morel* 1575.
Mizaldi Harmonia, 8. *Morel* 1576.
Hyppocratis opera variorum, 8. 2. vol. *Lugduni Bat.* 1665.
Fernelli opera, 8. vol. 2. *Lugduni Bat.* 1645.
Zacuti Praxis Medica, 8. *Amstelodami* 1634.
Claudinus de ingressu ad infirmos, 8. *Basileæ* 1617.
Corbei Pathologia, 8. *Norimbergæ* 1647.
Riverii Praxis Medica, 8. 2. vol. *Parisiis* 1640.
Jonstoni idea Medicinæ, 8. *Elzevir* 1648.
Sennertus de Scorbuto, 8 *Witembergæ* 1624.
Sennerti Epitome institutionum Medicinæ, &c. *Witembergæ* 1634.
Varigani Secreta Medicinæ, 8.
Riverii observationes Medicinæ, 8.
Varandæi opera de affectibus mulierum, 8. *Hannoviæ* 1619.
Goclenius de sanorum diæta, &c. 8. *Francofurti* 1645.
Hollerius in Aphorismos Hyppocratis per Joannem Liebautium, *Genevæ* 1632.
Schola Salernitana de Moreau, 8. *Parisiis, Blaise* 1625.
Hyppocratis Aphorismi, Latinè, 8. *Parisiis* 1545.
P. Morelli Methodus Remediorum, 8. *Genevæ* 1639.
Maladie des femmes par Varandée, 8. *Paris Ninville* 1666.
Violette des maladies d'obstruction, 8. *Paris, Billaine* 1635.
De contradicentibus Medicis, 8. *Parisiis, Macé* 1565.
Friderici Lossii observationes medicinales, 8. *Londini* 1672.
Highmori exercitationes duæ, *Oxoniæ* 1660.

de feu MR Briot.

De ſtatica Medicina, 8. *Hagæ-Comitis* 1657.
Roderici opuſcula, 8. *Francofurti* 1646.
Plateri quæſtiones medicæ, 8. *Pariis* 1643.
Verderlinden medulla Medicinæ, 8. *Franekeræ* 1642.
Duhamel de corporum affectionibus, 8. *Pariſiis, Petit* 1670.
Lexicon medicum Caſtelli, 8. *Venetiis* 1607.
Sylvii Praxis medicinæ, 8. 3. volumes maroquin *Amſtelodami* 1664.
Le Vaſſeur contra Sylvium, *Pariſiis* 1668, & Schiuſt contra illum, *Lugduni Bat.* 1670.
Zapata Secreti di Medicina, 8. *Veniſe* 1618.
Alexander Tralianus & Raza, 8. *Argentorati* 1649.
Victorius de morbo Gallico, 8. *Florentiæ* 1551.
Secreti di Medicina, 8.
Goclenius de crepitu ventris & riſu, 8. *Francofurti* 1607.
Savonarolæ practica Medicinæ & Optatus de Febre hectica, 8. *Lugduni Honorat* 1560.
Dougnetus de Arthritide, 8. *Paris* 1582.
Reuſnerus de Scorbuto, 8. *Francofurti* 1606.
Cæcilii Frey opuſcula, 8. *Pariſiis* 1646.
Roſſii obſervationes Medicæ, 8. *Francofurti* 1608.
Ferrerii methodus medendi, 8. *Lugduni* 1574.
Chyrurgia de Cauliaco, 8. *Lugduni Honorat* 1572.
Struthius de arte Sphygmica deſiderata, 8. *Baſileæ, Oporin.*
Anatomie de Gelée, 8. *Paris* 1645.
Stenonis obſervationes Anatomicæ Bilſii, 8. *Lugduni Batav.* 1662.
Malpigius de viſcerum ſtructura, *Amſtelodami* 1669.
Bellini exercitatio Anatomica Blaſii, *Amſtelodami* 1665.
Theatrum Chymicum, 8. 6. vol. *Argentorati* 1613.
Agrippa de occulta Philoſophia, *Paris, Dupuis* 1567.
Pharmacopea Auguſtana, 8. *Gouda* 1653.
Baſilica Chymica Crollii Hartmanni, 8. *Geneva* 1635.
Chymie de le Févre, 8. 2. vol. *Paris* 1669.
Harthmanni Praxis Chymiatrica, 8. *Geneva* 1639.
Glauberi Furni novi Philoſophici, 8. *Amſtelodami* 1651.
Hovel traité de la Theriaque, des Metaux & Mineraux, & de l'Anatomie eſſentielle de l'homme, 8. *Bordeaux* 1573. & *Paris, l'Angelier* 1580.
Conference des deux Pharmacies de Paſcal, 8. *Thoulouze* 1616.

Praxis Barbettiana, 8. *Amsterdam* 1655. & *Lugduni Bat.* 1669. double.
Jonsthoni Lexicon Chymicum, 8. *Londini* 1652.
Compendium Hermeticum, Rhumelii.
Isacii Hollandii mineralia, 8. 2. vol. *Midelburgi* 1600. *Lipsiæ* 1624.
Erastus de auro potabili, 8. *Basileæ, Perna* 1578.
Gramani Chymia, 8. Schleusningen Allemand 1630.
Penotus de medicamentis Chymicis, 8. *Vrsellis* 1602.
Guibertus de Alchymia, 8. *Argentorati* 1603.
Panaceæ Hermeticæ deffensio, Girard, 8. *Vlmæ* 1640.
Joannes de Rupefcissa & Carolus Witestein de quinta Chymicorum essentia & Cuverius de metallis, 8. *Basileæ* 1567.
Raymundus Lullus de quinta essentia, 8. *Argentorati* 1541.
Ejusdem libelli Chymici, 8. *Basileæ* 1600.
Ejusdem Codicillus, 8. *Coloniæ* 1563.
Ejusdem Mercuriorum liber & de secretis naturæ, 8. *Coloniæ* 1567.
Cholden Haligraphia, Allemand 1603.
Alexius de secretis Vekкeri, 8. *Basileæ* 1563.
Paracelsus de Tartaro, 8. *Basileæ* 1570.
Beguin, Element de Chymie, 8. *Paris, le Maistre* 1620.
Langelottus, Epistola de quibusdam in Chymia prætermissis, 8. *Hamburgi* 1672.
Trevisanus Dornei de Chymico miraculo, 8. *Basileæ* 1583.
Lombardi Margarita preciosa, 8. *Argentorati* 1608.
Polier Veredarius Hermeticus, 8. *Francofurti* 1622.
Architecture de Savot, 8. *Paris* 1632.
Astronomia Copernicana Kepleri, 8. *Francofurti* 1635.
Sphæra di Sacrobosco, 8. *Paris, Marnef* 1572.
Statleri Astrologia, 8. *Montisbelgardi* 1605.
Les Elemens de l'Artillerie de Rivault, 8. *Paris, Beys* 1605.
Haschardi Clypeus Astrologicus, 8. *Lovanii* 1552.
Traité de l'Horlogiographie, du P. Magdelaine Feüillant, 8. *Paris* 1641.
Cosmologie de Saulnier, 8. *Paris* 1618.
Annuli Astronomici usus, 8. *Paris* 1558.
Peucer de Circulis cælestibus, 8. *Witembergæ* 1553.
Maroles des Tailles-douces, 8. *Paris* 1666.
L'Usage du Pantomettre, Bulet, 8. *Paris, Pralard* 1675.

Goclenii Geometria, 8. *Francofurti* 1620.
Cosmologie du Monde, 8.
Petit, du Compas de proportion, &c. 8. *Paris* 1634.
Geometrie d'Erard, 8. *Paris* 1619.
Cosmographie d'Henrion, 8. *Paris* 1626.
L'Usage du Compas de proportion de Henrion, 8. *Paris* 1626.
Paraphrases de l'Astrolabe, 8. *Lyon, de Tournes* 1555.
L'Astrolabe de Stofler, 8. *Paris, Cavellat.*
Ranzovius de Judicio Astrologiæ, 8. *Francofurti* 1615.
Guide des Fortifications, de Claude Flamand, 8. *Montbeliard* 1597.
Arithmetique de Stevin, 8. *Plantin* 1585.
Vaulezard de la Perspective, 8. *Paris* 1631.
Zetetiques de Vaulezard, 8. *Paris* 1630.
Rami Proemium Mathematicum, 8. *Paris, Vekel* 1667.
Langius de Arte Mathematica, 8. *Friburgi* 1617.
Rivault, Elemens de l'Artillerie, 8. *Paris, Beys* 1605.
Modestin Fachsen probier Buchlein, Allemand, 8. *Amsterdam* 1669.
Birrius de Metallorum metamorphosi, 8. *Amstelodami* 1668.

HISTORIENS NATURALISTES
Anglois in octavo.

Wallis Hobbius Heautontimorumenos, 8. *Oxfordt* 1662.
Clerke de restitutione corporum, 8. *London* 1662. Boyle Hobs, & autres.
Mayow, tractatus varii Medico-Physici, 8. *Oxoniæ* 1674.
Greun Anathomy of Vegetables, 8. 3. vol. *London* 1672. 73. & 75.
Simpson Hydrologia Chymica, 8. *London* 1669.
Simpson Zumologia Physica, 8. *London* 1675. de Acido & Sulphure.
Sherley Philosophicall essay, 8. *London* 1672.
Bohun discourses of Wind, 8. *Oxfordt* 1671.

A difcours Wherein the intereft of the Patient, 8. *London* 1669.
Roon huyfe Treatifes of the Gout, 8. *London* 1676.
Brouun Hydriotaphia, 8. *London* 1658.
Difficiles nugæ obfervation touching the Toriccellian experiment, *London* 1674.
More Remarks upon obfervations of the Toricellian experiment, 8. double.
Hartlib Irelands natural Hiftory, 8. *London* 1652.
Clarke natural Hiftory of nitre, 8. *London* 1672.
The art of Glaff. 8. traduction de l'Italien de Neri, *London* 1662.
Evelin Tranflat of the Boocks of Lucrece, 8. *London* 1650.
Hobs or à confideration, 8.
Thomas Hobes of libertie 8. *London* 1654. & 55.
Caftigations of Hobes animavertions, 8. *London* 1658.
Thomas Hobes de corpore, Anglois, 8.
Boifle of Gems, 8. *London* 1672.
Boifle of effluvium, 8. *London* 1673.
Boifle of flame and air, 8. *London* 1672.
Boifle new experiments touching the air, 8. *Oxfordt* 1660.
Boifle of Coulours, 8. *London* 1664.
Boifle Obfervations of Cold. 8. *London* 1665.
Boifle Hydroftatical Paradoxs, 8. *Oxfordt* 1666.
Boifle and Introduction tho the Hiftory of particular qualities, 8. *London* 1671.
Boifle of formes and qualities, *Oxfordt* 1667.
Boifle Chymifta Scepticus, 8. *London* 1662.
The Hiftory of vegetables Felow, 8. *Oxfordt* 1666.
A Treatife of Boifons by Ramefey, 8. *London* 1667.
Wingate Arithmetique made Eafie, 8. *London* 1650.

HISTORIENS

HISTORIENS NATURALISTES in 12. 16. & 24.

Schocchius de Nihilo, 12. Et contra Socinianos
Florus Francicus, 12. *Parisiis* 1644.
Florus Gallicus, 12. 1644.
Geographie Royale du Pere Labbe, 12. *Lyon* 1667.
Lipenii Navigatio Salomonis, 12. *Witemberga* 1660.
Polidorus Virgilius de rerum inventione, 12. *Lugduni Batav.* 1644.
Septem Planetæ, 12. *Amstelodami* 1614.
Mundi Synopsis, sive de imagine mundi, 12. *Spire* 1583.
Romulo di Malvesi, 12. *Venise* 1633.
Albertus magnus de rebus metallicis, 12. *Colonia* 1569.
Æliani varia Historia Fabri, 12. *Saumur* 1667.
Ciaconius de Triclinio, 12. *Amstelodami* 1664.
Magius de Tintinnabulis, 12. *Amstelodami* 1664.
Balduinus de Calceo, 12. *Amstelodami* 1667.
Grotius, Mare liberum, 12. *Lugd. Batav.* 1633.
Testament de Basile Valentin, Allemand, 3. vol. *Jena* 1626.
Justinus Fabri, 12. *Salmurii* 1671.
De l'Usage du Caphé & du Thé, 12. *Lyon* 1670.
Georgio de Falconi Astori Spavavieri, &c. 12. *Milan* 1645.
Bartholinus de Armiliis veterum Wormii, 12. *Amstelodami* 1676.
Primerosius de vulgi erroribus, 12. *Roterodami* 1658.
Breveronicius de Calculo, 16. *Elzevir* 1638.
Pelshoferi discursus de opio, 12. *Witemberga* 1658.
Bartholini Spicilegia bina, 16. ex vasis lymphaticis, *Amstelodami* 1661.
Schneiderus de Osse, 12. *Witemberga* 1655.
Pisanellus de Alimentis, 12. *Bruxelles* 1662.
Schoochius de Sternutatione, Butyro & aversatione casei, 12. *Amstelodami* 1664. & Groningue.
Scoochius de Cervisia, 12. *Groningue* 1661.
Scoochius de fermento & fermentatione, 12. *Groningue* 1663.
Scoochius de Ciconiis, 12. *Groningue* 1661. & 1658. de Turffis.
Scoochii dissertatio de Haringis, 12. *Groningue* 1659.

Teriaque d'Andromachus de Charras, 12. *Paris.*
Pinæus de Virginitatis notis, &c. 12. *Lugd. Batav.* 1641.
Discours Sceptique, sur le passage du Chyle, 12. *Leyde* 1648.
Velthusii, Tractatus duo Medico-Physici, 12. *Vtrekt* 1657.
Tagautii de purgantibus Medicamentis, 12. *Lugduni, Roüille* 1653.
Ludovici de volatilitate salis tartari dissertatio, 12. *Gotha* 1667.
Swalve ventriculi Querela, 12. *Amstelodami* 1664. & Primerosius de morbis puerorum 1659.
Fontani fons seu origo Febrium, 12. *Blaeu* 1664.
Swalve Pancreas Pancrene, 12. *Amstelodami* 1668.
Epistolæ Anatomicæ Malpigii & Fracassati, 12. *Amstelodami* 1669.
Everardi Hominis Brutique exortus, 12. *Medioburgi* 1661.
Everardus, Animalis exortus, 12.
Charleton œconomia Animalis, 12. *Londini* 1659.
Sturnii Febrifugi Peruviani vindiciæ, 12. *Antuerpia* 1659.
Baconis scripta in naturali & universali Philosophia, 12. *Amstelodami* 1653.
Miracula Chymica Mulleri, 12. *Parisiis* 1644.
Hortus patavinus Guilandini Schenckii, 12. *Francofurti* 1600.
De Cultrivoro Prussiaco, 12. *Lugd. Batav.* 1638.
Fuschius de curandi ratione, 12. *Roüille* 1643.
Jonstoni Thaumatographia, 12. *Blaeu* 1632.
Panegirici da Pallemonio, 16. *in Venetia* 1665.
Cæsar Cremonius de calido & semine, 16. *Elzevir* 1634.
Schraderi observationes Anatomico-Medicæ, 12. *Amstelodami* 1674.
Fentzelii Medicina Diastatica, 12. *Herford* 1666.
Morelli formulæ remediorum, 12. *Patavii* 1647.
Borellus observationum Medico-Physicarum, 12. *Castris* 1653.
Barbatus de sanguine & ejus Sero, 12. *Parisiis* 1667.
Cornelius Celsus de Medicina Venderlinden 12. *Elzevir* 1627.
Aphorismi Hyppocratis, 24. *Lugd. Batav.*
Berkeri Medicus Microcosmus, 12. *Londini* 1660.
Valesii Methodus medendi, 12. *Lovanii* 1647.
Franboesarius, schola Medica, 12. *Lugd. Batav.* 1628.
Ganivetus amicus Medicorum, Gondisalvi, 12. *Francofurti* 1614.

de feu MR Briot. 71

Inftitutiones Medicinæ, Sennerti Epitome, 12.
Gorræi formulæ remediorum, 12. *Lutetia* 1572.
Religio Medici, 12.
Joannes Steph. fumma præcautionis ratio peftiferæ contagionis, 16. *Venetiis* 1624.
Blafii Anatome contracta, 16. *Amftelodami* 1666.
Anatomia Sambuci, 12. *Lipfia* 1631.
Obfervation Anatomique du fieur Guide.
Tachenii Hyppocrates Chymicus, 12. *Parifiis* 1669.
Dornæi clavis totius Philofophiæ Chymifticæ, 12. *Francofurti* 1583.
Novum lumen Chymicum, 12. *Geneva* 1628.
Pharmacopæa Amftelodamenfis, 16. *Blaeu* 1660.
Inftitutiones Sennerti, 12.
Facultas Chymica, 12.
Pratique de Geometrie de le Clerc, 12. *Paris* 1669.
Barow in Euclidem, 12. *Londres* 1659.
Tableau Aftronomique, 12. *Blois, Cottereau* 1606.
Ariftarchus Samius de mundi Syftemate, 12. *Paris* 1644.
Biranbrigii Aftronomia, 12. *Oxoniæ* 1648.
Trigonometrie Geometrique, 12. *Rouen* 1626.
Wingate de la regle de proportion, 12. *Paris* 1624.
Table de Sinus par Girard, 12. *Elzevir* 1626.
Poftellus de Cofmographia, 12. *Lugduni Batav.* 1636.
Pardies, deux machines à faire des Cadrans, 12. *Paris* 1673.
Pardies, difcours du mouvement local, 12. *Paris* 1670.

HISTORIENS NATURALISTES
ANGLOIS in 12. 16. & 24.

THE art of Simpling, 12. *London* 1656.
Eugenius Euphrates or the Watters, 12. 1655.
Lowels a compleat herbal, 12. *Oxfordt* 1659.
Thineft obfervations, 12.
Thomas mund England, 12.

HUMANISTES in folio.

Thesaurus linguæ Græcæ, fol. 4. vol. *Henrici Stephani.*
Thesaurus linguæ Latinæ, fol. *Roberti Stephani.*
Despautere de Robert Estienne, fol.
Dictionnaire de Nicod, fol.
Dictionarium Gallico-Latinum, fol. *Caroli Stephani.*
Gesneri Bibliotheca & Pandectæ, fol. 3. vol. *Tiguri* 1583.
Bibliotheque du Verdier, fol. *Lyon, Honorat* 1585.
Vocabulario de la Crusca, fol. *Venise* 1623.
Budæi Commentaria linguæ Græcæ, fol. *Roberti Stephani* 1548.
Dictionarium Poëticum, &c. fol. *Loidii Oxonii.*
Dansquii Ortographica, fol. *Tornaci Nemiorum* 1632.
Lexicon Martinii, fol. 2. vol. *Francofurti.*
Lexicon Ferrari fol. *Muguet* 1670.
Callepini Dictionarium, fol. 1667.
Glossarium Spelmani, fol. *Londini* 1626.
Suidas, 2. vol. *Colonia* 1619.
Grammaire Grecque de Meslier, fol.
Sigilla Comitum Flandriæ, fol. *Brugis* 1639.
Icones Principum Reipublicæ Venetæ Leonis Matinæ, fol. 1659.
Columna Trajani, fol. *Roma* 1616.
Stradæ numismata, fol. *Francofurti* 1629.
Portraits des Rois de France, fol. *Camusat* 1636.
Monumenta Boxphornii, 1636.
Fulvii Ursini Elogia, fol. 1570.
Cuspinianus de viris clarissimis Volphangi & Austriæ, fol. *Francofurti* 1601.
Hierologia Anglicana, fol. cum figuris, *Londini* 1620.
Elogia Theologorum, fol. parchemin, *Haga-Comitis* 1602.
Elogia Medicorum, Sambuci, fol. *Amstelodami, Samson* 1612.
Menestrier des Medailles des Imperatrices, fol. *Dijon* 1625.
Antiquarum statuarum Urbis Romæ liber, fol. 1621.
Stremnius, familiarum Romanarum Stemmata, fol. *Estienne* 1559.
Funerali Antichi, fol. parchemin da Castilione.
Luchii Numismata, fol. parchemin.

Numismata

Numismata Imperatorum, Antonii Augustini, fol. *Anvers* 1654.
Symbola Tipotii, fol.
Impresse di Ferro, fol. 2. vol.
Savedræ Symbola, fol. *Bruxelles* 1647.
Entrée du Roy à Paris aprés son Mariage, fol.
Traité de la Cour des Monnoyes, de Constans, fol. gr. lat. *Cramoisy* 1668.
Les Monnoyes de Boutroüé, fol. gr. pap. 1660.
Chronologia Calvisii, fol. *Francofurti* 1650.
Hospitalis Cancellarii Epistolæ, maroquin, fol. gr. pap. *Patisson*.
Corpus Civile, 2. vol. *Hollande*.
Ursatus de notis Romanorum, fol. *Patavii* 1672.
Rosinus de Antiquitatibus Romanis, fol. *Parisiis, la grande Navire* 1613.
Cassiodori Opera, fol. *Nivelle*.
Onufrius de ludis Circensibus, fol. gr. pap. *Patavii* 1642.
Pandectæ triumphales, fol. 1586.
Celius Rodiginus, fol.
Srenchius de conviviis & de Sacrificiis, fol. 2. vol. *Tiguri* 1597.
Tableaux de Philostrate, fol. gr. pap. 1614.
Vollaterani opera, fol. *Marnius* 1603.
Forsterii Miscellanea, fol.
Lilius Giraldus, fol. *Basileæ* 1580.
Macrobii opera, fol. *Basileæ, Hervagius* 1635.
Salmasii exercitationes Plananæ, fol. *de Rouhard* 1629.
Museo di Moscardo, fol. *in Padua* 1656.
Plutarchi opera, fol. 2. vol. gr. lat. *Parisiis*.
Il Cortegiano, fol.
Welserius de Rebus Augustis, fol.
Aulus Gellius, fol. *Valcosan* 1536.
Bocace, des Nobles mal-heureux.
Penu Tullianum Frobenii, fol. *Hamburgi* 1619.
Regius de la vicissitude des choses, fol. *Paris* 1577.
Isocratis opera, fol. gr. lat. *Henry Estienne*.
Demostenes Græco-Latinus, fol. *Marnius* 1604.
Ciceronis opera Caroli Stephani, fol. 2. vol. maroquin.
Bocacius de Genealogia Deorum, fol. *Hervagius* 1532.
Metamorphosis Ovidii Farnabii, fol. cum figuris, *Morel* 1637.
Mythologie des Dieux, Baudoüin, fol. *Paris, Thiboust* 1627.
Virgilius, fol. cum figuris, *Londini*.

T

Euftatius in Homerum, fol. 4. vol. *Roma 1550.*
Ovidius Diverforum, fol.
Petrarchæ opera, fol. *Bafileæ.*
Senecæ opera diverforum, fol. *Chevalier 1607.*
Severtii Florilegium, Manuëlis Chuerti, fol. *Francofurti 1612.*
Il Dante di Sanfovino, fol. *Venife 1578.*
Orlando Furiofo, fol. *Venife 1578.*
La Gierufalemme di Taffo, fol. *in Genoa 1617.*

HUMANISTES ANGLOIS in folio.

Gotgrawe Dictionnaire Anglois, fol. *London 1550.*
Wilkins an Effay Towards à real caracter, fol. *London 1668.*
Etymologium Anglicanum Skinneri, fol. *London.*
Portrait du Roy d'Angleterre, Anglois.
Sociable Letters and Princeffe, Marchioneffe of Newcaftel, fol. 1664.
Philofophicas Letters by the Marchioneff of Newcaftel, *London 1664*
Orations of divers Sorts by the March. Newcaftel, f. *London 1612.*
Phylofophical and Phyfical opinions by the Marchioneff of Newcaftel, fol. *London 1664.*
Comteffes of Pembrock Arcadia, fol. *London 1593.*
Ejufdem Poems and Phanges, fol. *London 1664.*
Ejufdem Plays Newer before, fol. *London 1660.*
Method tod dreff. Horfes, by te Prince of Newcaftel, *London 1667.*

HUMANISTES in quarto.

Vocabulario Italiano, Spagnuolo & vice verfa con Grammatica di Franciofini, 4. 3. vol. *Roma 1638.*
Notitia de vocaboli Ecclefiaftici, 4. *in Meffina 1644.*
Rulandi Lexicon Alchymiæ, 4. *Francofurti 1612.*
Threfor des Langues de Duret, 4. *à Chiurdan 1619.*
Sertæ Synonimorum Apparatus, 4. *Venetiis 1654.*

Amalthea Onomaſtica, 4. *Lucæ* 1640.
Julii Pollucis Onomaſticon, 4. *Francofurti* 1608.
Dictionnaire Italien & François d'Oudin, 4. 1653.
Gothofredi Authores linguæ latinæ, 4. *Genevæ* 1602.
Theſaurus practicus Beſoldi, 4. 2. vol. *Norimbergæ* 1659.
Goclenii Lexicon Philoſophicum, 4. *Francofurti* 1613.
Goclenii Lexicon Philoſophicum Græcum, 4. *Malchioburgi* 1615.
Dictionarium quinque Linguarum, 4. *Venetiis, Moret* 1595.
Elenchus ſcriptorum Juris Civilis & Canonici Gomeſii, 4. *Francofurti* 1674.
Bibliotheca Pontificia, 4. *Lugduni* 1643.
Bibliotheca Hiſpanica, 4. *Francofurti, apud Marnium* 1608.
Hotringeri, Bibliotheca Orientalis, 4. *Heidelbergæ* 1658.
Theſaurus Geographicus Ortelii, 4. *Hannoviæ, apud Antonium.*
Epitome Geographiæ Ferrarii, 4. *Ticini* 1605.
Bibliotheca Boldeiana, 4. *Oxoniæ* 1620.
Verdelinden de ſcriptis Medicis, 4. *Amſtelodami* 1662.
Dictionario Spagnuolo ed Italiano, Italiano & Spagnuolo con la Grammatica di Franciofini, 4. 3. vol. *Romæ* 1638.
Sybillarum Icones Paſſæi, 4. 1601.
Duodecim primorum Cæſarum effigies, &c. 4. *Spire* 1599.
Fables d'Eſope, avec figures, 4. *Paris* 1639.
L'art des Deviſes du P. le Moine, 4. *Cramoiſy* 1666.
Boiſſardi Icones virorum Illuſtrium, 4. *Francofurti* 1597.
Livres de Villes, figures.
Figure des Monnoyes de France, avec leur valeur, manuſcrit, 4. 1619.
Goldaſti Catholicon Rei Monetariæ, 4. *Francofurti* 1620.
De Monetis & Re nummaria Budellius, 4. *Coloniæ Agrippinæ* 1591.
Les manieres de faire eſſais des Mines en Allemand, manuſcrit.
Traité des Monnoyes par un Conſeiller d'Eſtat, 4. 1601.
Godofredi & juſti Lipſii diſputatio *ou* Breviarium de Monetis, 4. Vircebourg 1622. *Patavii* 1648.
Reduction des Monnoyes en Allemand, 4. 2. vol. *Hamburgi.*
Bornitii de nummis in Republica percutiendis & conſervandis, 4. *Hannoviæ* 1608.
Mariana de ponderibus & menſuris, 4. *Toleti* 1599.
Freherus de Re Monetaria, 4. *Lugduni* 1605.
Angelocrator de ponderibus & menſuris, 4. *Francofurti* 1628.

Leuberus de reductione Monetali, 4. *Norimbergæ* 1629.
Vasserus de antiquis nummis Hebræorum, & mensuris, 4. *Tiguri* 1605.
Capel de ponderibus, nummis & mensuris tractatus duo & unus Angelocratoris, 4. *Marpurgi* 1617.
Savot des Medailles, 4.
Antonius Augustinus & Fulvius Ursinus de familiis Romanorum, 4. *Lugduni* 1592.
L'Alitinonfo di Scaruffi concordanza d'ogni moneta, 4. *in Reggio* 1582.
Strada des Medailles, 4. *Lyon, Strada* 1553.
Promptuaire des Medailles, 4. *Lyon, Roüille* 1581.
Le poids des Medailles, 4. *Paris, Patisson* 1579.
Medailles des anciens Empereurs, 4. *Dijon* 1642.
Erizzo Sopra le Megdalie, 4. *in Vinegia Varise* 1571.
Occonis numismata, 4. *Augusta Vindelicorum* 1601.
Sequini numismata, 4. *Cramoisy* 1666.
Numismata Imperatorum Ducis d'Arscot, 4. *Antuerpia* 1627.
Æneæ vici duvalli Augustarum imagines, 4. *Paris* 1619.
Ortelii Deorum & Dearum capita, Suvertii, 4. *Antuerpia* 1602.
Guirani duorum numismatum Nemausiensium explicatio, 4. *Araufioni* 1655.
Georgii Gemistii de Platonis & Aristotelis Philosophiæ differentia, 4.
Joannis Juisnerii de natura Magnetis opusculum, 4.
Pomponius Ganricus de Sculptura, 4.
Dausqui Terra & Aqua, 4. *Tornaci, Nerviorum* 1653.
Claudii Ptolomæi de judicandi facultate per Bullialdum, 4. *Cramoisy* 1663.
Institutiones Cronologicæ Breveregii, 4. *Londini* 1669.
Gorlæi Dactyliotheca, 4. *Scalpturæ* cum Privilegio.
Roccha de campanis & de ligno crucis & de Re nummaria, 4. *Roma* 1612. Cum Paschasio & alii de alea & ludo aleæ, 4. *Neapoli, Nemetum* 1617.
Paschalius de Coronis, 4. *Parisiis, Perier, Plantin* 1610.
Paschalius de Legatis, 4. *Parisiis, Plantin, Perier* 1612.
Luccus Flaccus & alii de Agrorum conditionibus, 4. *Parisiis Turneb.* 1554.
Morestellus de triplici anno Romanorum, 4. *Lugduni, Roussin* 1605.
Heronis Spiritalia à Comandino, 4. *Parisiis* 1580.
Van Berlicom elementa rerum naturalium, 4. *Roterodami* 1656.

Proverbia

de feu Mʀ Briot.

Proverbia Arabica Scaligeri, 4. *Leyde* 1614.
La Pyroctenie de Tritheme, 4. *Paris* 1656.
Aufonius Vineti, 4. *Burdigalæ, Millanges* 1604.
Scaliger adverfus Erafmum & opufcula, 4. *Tholofæ* 1611.
Quæftiones Romanorum per Boxphornium, 4. *Lugd. Bat.* 1637.
Scaligeri opufcula varia, 4. *Parifiis, Drouart* 1610.
Salmafius in Enchiridion Epicteti, 4. *Lugd. Bat.* 1640.
Defcartes Geometria, 4. *Amftelodami* 1670.
Defcartes de homine, 4. *Lugd. Batav.* 1662.
Defcartes de Mufica, 4. *Trajecti ad Rhenum* 1640.
Defcartes Meditationes Metaphyficæ, 4. *Amftelodami* 1644.
Defcartes de l'homme, 4. *Paris* 1664.
Lettres de Defcartes, 4. *Paris* 1657.
Defcartes principia Philofophiæ, 4. *Elzevir* 1644.
Dialogo di Galileo, 4. *in Firenza* 1632.
Cæfaris Cremonis difputatio de formis elementorum, 4. *Venetii* 1605.
Grandis Differtationes, 4. 1657.
Du Hamel de Meteoris, 4. *Paris* 1660.
Paulii Macii Emblemata, 4. *Bononiæ* 1624.
Maieri Emblemata, 4. *Openheim* 1618.
Impreffe di Rufcelli, 4. *Venetia* 1584.
Impreffe d'elle Officiofi, 4. *in Siena* 1641.
Impreffe del Dolce, 4. 2. vol. *Venife* 1583.
Thomas Anglus de Mundo, 4. *Paris* 1642.
Fracaftoris opera, 4. *Venife* 1584.
Cardanus de Sapientia, 4. *Mediolani* 1543.
Voffius de arte Poëtica, 4. *Elzevir* 1647.
 De Hiftoricis Græcis, *Lugduni Bat.* 1651.
 De Hiftoricis Latinis, 4. *Lugd. Bat.* 1651.
 De Philofophia & Philofophorum fectis, 4. *Haga-Comitis* 1658.
 De Arte Grammatica, 4. *Amftelodami* 1655.
 De Arte Hiftorica, 4. *Lugd. Bat.*
 De vitiis fermonis, 4. *Elzevir* 1645.
 De quatuor Artibus, 4. *Amftelodami* 1650.
 De Logica & Rhetorica, 4. *Haga-Comitis* 1658.
 De Poëtis Græcis, 4. *Amftelodami* 1654.
 Rhetoricorum Commentariorum libri fex, 4. *Lugd. Batav.* 1643.

V

Campanella de sensu rerum & magia, & de natura rerum, 4. Francofurti 1617. & 1620.
Scaliger contra Cardanum, 4. *Vascosan* 1557.
Lipsii opera, 4. 5. vol. *Plantin* 1614.
Artemidorus Rigaltii, 4. *Morel* 1603.
Enchyridion Metaphysicum, 4. *Londini* 1671.
Fabulæ Phædri, 4. *Saumur*, *Fabri* 1657.
Postelli Grammatica Arabica, 4. *Parisiis*.
Remarques sur la langue Françoise de Vaugelas, 4. *Courbé* 1647.
Danet, Dictonnaire Royal.
Oeuvres de Jean de Villiers, & intelligence des langages, 4. *Paris*, *Sonius* 1613.
Postel de Magistratibus Atheniensium, 4. *Vascosan* 1541.
Bail, du Domaine, 4. *Paris* 1670.
Salmasii Præfatio de Omonymis Hylesiatricæ, & de Plinio judicium, 4. *Divionæ* 1668.
Recüeil des Lettres du sieur Morin contre Gassendi, 4. *Paris* 1650.
La découverte Philosophique, 4.
Boccalini Ragucaglio di Parnasso, 4. 2. vol. *Venise* 1617.
Oeuvres de l'Eschassier, 4. *Paris* 1649.
Jurisprudence de Colombel, 4. *Paris* 1655.
Chiffres de Vigenerre, 4. *Langelier* 1587.
Nouvellas de Miguel de Servantes, 4. *Madrid* 1613.
Decamerone di Bocacio, 4. *Venise, Giolite* 1588.
Piaza universale, 4. *in Venetia* 1616.
Eugeno Raimondi delle Caccie, 4.
Opuscules de Loysel, 4. *Paris* 1652.
Vossius Rethoricorum, 4. *Lugd. Bat.* 1643.
Institutions de Justinian, de la Coste, 4. *Paris* 1659.
Selecta Juris Canonici, 4. *Paris* 1658.
Chronologia Helvetica Suizeri, 4. *Hannoviæ, Vekel* 1607.
Chronologia Sacra, Prophana Vorstii, 4. *Lugd. Batav.* 1654.
Chronologia Camuzei, 4. *Trecis* 1608.
Lucretius Lambini, 4. *Parisiis, Benenat* 1570.
Manilii Astronomicon Scaligeri, 4. *Plantin Raphelinge* 1600.

HUMANISTES ANGLOIS in quarto.

SKENNE de verborum significatione, 4. *London* 1641.
Goldemanii Dictionarium, 4. *Cambrigiæ* 1674.
Catalogus manuscriptorum Oxoniæ & Cantabrigiæ, 4. *London* 1660.
Dictionarium Etymologicum de sacra Quercu, Latin & Anglois, 4. 2. vol. *London* 1648.
Invention or Devises, 4. *London* 1678.
Brerewood de Ponderibus & pretiis veterum nummorum, 4. *London* 1614.
Bourne inventions od devises, 4. *London*.

HUMANISTES in octavo.

LEXICUM Græcum Screvellii, 8. *Lugd. Batav.* 1664.
Dictionarium Latino-Germanicum, Frisii, 8. *Francofurti* 1616.
De Latinis & Græcis Arborum, &c. nominibus, 8. *Robert Estienne* 1547.
Nomenclator Junii, 8. *Francofurti* 1620.
Nomenclator Octilinguis Germbergii, 8. *Geneva* 1619.
Dictionnaire François, Allemand & Latin de Duez, 8. *Leyde* 1642.
Dictionnaire Latin & Allemand Frisii, 8. *Francofurti* 1616.
Dictionnaire Caraibe François de Raymond Breton, 8. *Auxerre* 1664.
Paradis Manuductio ad linguam Græcam, 8. *Parisiis* 1637.
Golii Grammatica Græca, 8. *Amstelodami* 1653.
Schiopii Grammatica Philosophica, 8. *Amstelodami* 1659.
Nouvelle Methode de la langue Latine, 8. *Parisiis* 1655.
Perionius de linguæ Græcæ origine, 8. *Nivel* 1555.

Nonnius Marcellus de proprietate Sermonum, 8. 1586.
Emblemata Alciati, 8. *Lyon, Roüille* 1548. & *Paris* 1589.
Hultii numismata à Julio Cæsare ad Rodolphum secundum, 8. *Francofurti* 1605.
De Cavalleriis effigies Imperatorum Romanorum, 8. 1590.
De Cavalleriis effigies Pontificum Romanorum, 8. 1595.
Impresse di Gionio, 8. *Lyon, Roüille* 1574.
Devises de la Boissiere, 8. *Paris* 1654.
Devises de Paradin, 8. *Paris, Bouttonné* 1621.
Hottomannus de re nummaria, 8. *Leimar* 1585.
Le denier Royal de Grammont, 8. *Allemagne* 1574.
De Rei Monetariæ in Imperio Romano & Germanico statu periculosissimo, 8. *Norimbergæ* 1665.
Ordonnances des Mines de France, 8.
Grimaudet des Monnoyes, 8. 2. vol. *Paris* 1576. *& Marnet* 1586.
J. Scaligeri dissertatio de re nummaria, 8. *Plantin* 1616.
Gronovius de pecunia veteri, 8. *Amstelodami* 1656.
Gronovius de Veterum usuris, de nummis & de fœnore unciario.
Cyaconii opuscula, 8. *Romæ Vatican* 1608.
Robertus Cenalius de ponderibus & mensuris, 8. *Parisiis* 1547.
Porcius de re pecuniaria, 8. *Coloniæ* 1551.
Labbe Bibliotheca Bibliothecarum, 8. *Parisiis* 1654.
Salmasius de Hellenistica, 8. *Elzevir* 1643.
Scaliger in Varonem, 8. *Robert Estienne* 1565.
Terentius Varro, 8. *Henry Estienne* 1573.
Prædium Rusticum, 8. *Charles Estienne* 1554.
Oughtred Clavis Mathematica, 8. *Oxoniæ* 1652.
Goclenii Physica, 8. 1504.
Effigies Roberti Flud. 8. *Parisiis* 1636.
Alciati Emblemata, 8. *Lyon, Roüille* 1566.
Cato & Terentius Varo de re Rustica, 8.
Columella de re Rustica, 8.
Goclenii Philosophia Platonica, 8.
Avis pour dresser une Bibliotèque, de Naudé, 8. 2. vol. *Paris* 1644.
Natalis Comes Linocerii & anonymi, 8. *Genevæ* 1618.
Duckius de Jure Civili Romanorum, 8. *Londini* 1653.
Colloquia Erasmi, 8. *Basileæ, Froben* 1537.

Bulengeri

Bulengeri de circo Romano, 8. *Paris, Saugrain* 1598.
Castelanus de festis Græcorum, 8. *Antuerpiæ.*
Rami & Talæi Collectanea, 8. *Paris, Duval* 1577.
Rami Varia, 8.
Salustii Historia, 8.
Pausanias de veteri Græcia Sylburgii, 8. *Francofurti Vekel* 1624.
Thucydides de bello Peloponnesiaco Ajacii Enenexel, 8. *Argentorati* 1614.
Rami Ciceronianus, 8. *Paris Vekel* 1557. double.
Opuscula Mythologica, &c. 8. gr. lat. *Cambridge* 1671.
Saubertus de Sacrificiis, 8.
Molinæi Philosophia, 8. *Amstelodami* 1645.
Kirckermannus de funeribus Romanorum, 8. *Hamburgi* 1605.
Stultifera navis, 8. *Basileæ.*
Cicero de Officiis, 8. *Lugduni Griph.* 1536.
Passions de l'Ame de Descartes, 8. *Paris* 1649.
De nugis Curialium, 8.
Ciceronis Epistolæ familiares, 8. *Henry Estienne.*
Cornelius Tacitus Berneggeri, 8. *Argentorati* 1634.
Scaligeriana, 8. *Geneva* 1666.
Aulus Gellius Variorum, 8. *Lugd. Bat.* 1666.
Cornelius Nepos Variorum, 8. *Lugd. Batav.* 1658.
Titus Livius Variorum, 8. 3. vol. *Elzevir* 1664.
Florus Variorum, 8. *Neomagi* 1662.
Suetonius Variorum, 8. *Lugd. Bat.* 1662.
Salustius Variorum, 8. *Lugd. Bat.* 1659.
Historiæ Augustæ Scriptores Variorum, 8. *Lugd. Bat.* 1661.
Commentaria Cæsaris Variorum, 8. *Elzevir* 1667.
Justinus Variorum, 8. 2. vol. *Lugd. Bat.* 1660.
Quintilianus Variorum, 8. 2. vol. *Lugd. Bat.* 1665.
Quintus Curtius Variorum, 8. *Lugd. Bat.* 1658.
Arrianus Variorum, 8. *Amstelodami* 1668.
Sulpitius Severus Variorum, *Lugd. Bat.* 1654.
Petronius Variorum, 8. *Lugd. Bat.* 1669.
Macrobius Variorum, 8. *Lugd. Bat.* 1670.
Vinnius de origine Juris, &c. 8. *Lugd. Bat.* 1671.
Senecæ opera Variorum, 8. 3. vol. *Amstelodami* 1672.
Cornelius Tacitus Variorum, 8. 2. vol. *Amstelodami* 1672.

Plinius Variorum, 8. 3. vol. *Amstelodami* 1669.
Alexander ab Alexandro, 8. 2. vol. *Lugd Bat*. 1673.
Epistolæ Plinii Variorum, 8. *Lugd. Bat.* 1669.
Apulei opera Casauboni, 8. 2. vol. *Lugduni* 1614.
Luciani opera Benedicti, 8. 2. vol. *Saumur Piedieu* 1619.
Quintus-Curtius Frenshemii, 8. *Argentorati* 1640.
Orationes Ciceronis Freigii, 8. 3. vol. *Francofurti* 1653.
Ciceronis Epistolæ ad Atticum, Bosii, 8. *Ratiasti Lemovicum* 1690.
Cornelius Tacitus Lipsii, 8. *Plantin* 1588.
Erasmi Encomion Medicinæ, 8. *Basileæ Froben* 1551.
Brunus, ars Memoriæ, 8. *Paris* 1582.
De Kyrspe conjestorium artificiosæ memoriæ, 8. gothique.
Hobbes Elementa Philosophiæ, 8. *Londini* 1655.
Ragionamenti di Aretino, 8. *Cosmopoli* 1660.
Portæ Magia Naturalis, 8. *Antuerpiæ* 1560.
Gemma de Naturæ divinis Characterismis, 8. *Plantin* 1575.
Lemnius de occultis Naturæ miraculis, 8. *Plantin* 1681.
Gassendi exercitatio Epistolica adversus Fluddi Philosophiam, 8. *Parisiis, Cramoisy* 1630.
Gassendus adversus Aristotelem, 8. *Elzevir* 1649.
Salmasius de annis Climatericis, 8. *Elzevir* 1648.
Bassoni adversus Aristotelem, 8. *Elzevir* 1649.
Varandei Physiologia, 8.
Oblatio salis Davissoni, 8. *Parisiis* 1641.
Machiavelli Princeps, 8.
Essais de Montagne, 8. *Paris, Langelier* 1662.
Traitté de l'esprit de l'homme de Chanet, 8. *Paris* 1644.
Consideration de Chanet sur la sagesse de Charron, 8. *Paris, le Gros* 1644.
Connoissance des Animaux de Chanet.
Danjou, la Philosophie de Socrates, 8. *Paris, Bienfait* 1660.
Montan, le Miroir des François, 8. 1581.
Bigarrures des accords, 8. *Roüen, du Mesny* 1640.
De utilitate in adversis capienda, 8. *Franckerae* 1648.
Enchyridion Ethicum, 8.
Giffanius in Ethicum Aristotelis, 8.
Hierocles in Pythagoram, 8. *Paris, Prevosteau* 1583.
Georgii Calixti Judicium, 8.

de feu Mʀ Briot. 83

Isacii Hollandii mineralia, 8. 2. vol.
La Bibliographie Politique de Naudé, 8. *Paris* 1642. & 16. *Venise* 1633.
Janua Linguarum, grec, latin & françois, 8. *Elzevir* 1643. Allemand, latin, françois & italien, 8. *Elzevir* 1640.
Nomenclatura Duesii, 8. *Elzevir* 1644.
Nouvelle Methode Italienne & Espagnolle du Port Royal, 8. *Paris, Petit* 1660.
Policraticus Joannis Saresberiennsis, 8. *Lugduni Bat. Raphelingæ* 1593.
Frigelius de statuis illustrium Romanorum, 8. *Holmiæ* 1656.
Scaligeriana, 8. *Genevæ* 1666.
Dialogi notturni de Ferreti, 8. *in Ancona* 1604.
Balduini calceus antiquus, 8. *Paris* 1615.
Baconi opuscula Posthuma, 8. *Londini* 1658.
Persius Casauboni, 8. *Paris, Droüart* 1605.
Ovidius Variorum, 8. 3. vol. *Lugduni Bat.* 1660.
Virgilius Variorum, 8. *Lugduni Bat.* 1661.
Horatius Variorum, 8. *Lugduni Bat.* 1663.
Juvenalis Variorum, 8. *Lugduni Bat.* 1658.
Martialis Variorum, 8. *Lugd. Bat.* 1661.
Lucanus Variorum, 8. *Amstelodami* 1658.
Plautus Variorum, 8. *Lugd. Bat.* 1664.
Seneca Tragicus variorum, 8. *Amstelodami* 1662.
Phædri Fabulæ variorum, 8. *Amstelodami* 1667.
Orlando Fujoso da Castiglione, 8. *Venise, Guerra* 1570.
Poëtica Scaligeri, 8. *Editio secunda apud Santadreanum* 1581.
Juvenalis Lubini, 8. *Hannoviæ* 1619.
Catullus Tibullus Prospertius Scaligeri, 8. *Patisson* 1577. *& Anvers* 1582.
Lucretius Gifanii, 8. maroquin, *Plantin* 1566.
Horatius Plantini, 8. 1576.
Sophoclis Tragœdiæ, 8. gr. lat. *Cambrigiæ* 1673.
Il Petrarcha di Velutello, 8. *Venise* 1550.
Terentius Variorum, 8. *Lugd. Bat.* 1662.
Thomas à Kempis de Imitatione Christi, 8. *Roterodami* 1661.

HUMANISTES ANGLOIS in octavo.

GLOSSOGRAPHIA ora Dictionary Hards Words, 8. *London* 1670.
Herborſt French and Engliſch Dialogues, 8. *London* 1660.
A diſcourſes of the Romane fooſt and denarius Grang, 8. *London* 1647.
Hudibras the Thirſt and Laſt parts, 8. *London* 1678.
The Englich Dictionary by Gem, 8. *London* 1642.
Wallis Grammatica Anglicana, 8. *Oxoniæ* 1674.

HUMANISTES in 12. 16. & 24.

POSTELLI Linguarum caracteres, 12. *Pariſiis* 1538.
Εἰκὼν βασιλική. 1648.
De fœtu & lapidibus, 12.
Grammaire Allemande de Spatenback, 12. *Paris* 1659.
Guerino detto il Meſchino, 12. *Veniſe* 1629.
Methode pour commencer les Humanitez, de le Févre, 12. *Saumur*.
Traité de la Superſtition, de le Févre, 12. *Saumur* 1666.
Kiccheri Phyſiologia, 12. *Amſtelodami*.
Horatius Tubero de le Vayer, 12. *Mons* 1671.
Ricquius de Capitolio Romano, 12. *Lugduni Bat.* 1669.
Cardani arcana politica, 12. *Lugduni Bat.* 1633.
Jamblicus de myſteriis Ægypti, 12. *Lugduni de Tournes* 1652.
Epicteti Enchyridion, 12. *Londini Bat.* 1634.
Eraſmi Encomion Medicinæ, 12. *Amſtelodami* 1629.
Sageſſe de Charron, Hollande, 12. *Bordeaux Millange* 1607.
Spigellii Iſagoge, 12. *Lugd. Bat.* 1633.
Ragionamenti di Aretino, 12. 1584.
Priapeia Schiopii, 12. *Patavii* 1664.
Petroñius Arbiter, 12. *Patiſſon* 1587.
Piſtorius de Sermonibus Convivalium, 12. *Baſilea*.

Hierocles

de feu MR Briot.

Hierocles in Pythagoram, 12. *Londini* 1673.
Aloisæ Sigæ Toletanæ de Arcanis & amores, &c. 12. *Meursii*.
Speculum Aulicarum ostentationum, 12. *Argentorati* 1621.
Melandri Joco-seria, 12. 2. vol. *Norimbergæ* 1643.
Comenii Physica, 12. *Parisiis* 1647.
Logique du Port-Royal, 12. *Paris, Savreux* 1668.
Les Etymologies du P. Labbe, 12. *Paris* 1661.
Du Fresnoy de Arte graphica, 12. *Paris* 1658.
Herbinus terræ motus & quietis examen 12. *Vtrek* 1655.
Bernier, abregé de Gassendi, 12. 8. vol. *Lyon* 1678.
Baconi Sermones fideles 12. *Lugd. Bat.* 1644.
Réponce au livre de l'Abbé Commendataire, 12. *Cologne* 1673.
Coûtume de Paris de du Molin, 12. *Paris* 1660.
Code Loüis XIV. 16. *Paris* 1667.
Dissertatio de motu & natura Cometarum, 12.
Exhortation aux Dames vertueuses, 12. *Paris* 1608.
Ructovii Critica, 12. *Elzevir* 1650.
Pensées Morales de Marc Anthonin, 12. *Paris* 1648.
Bohumen de signatura rerum, 12. en Allemand 1638.
Poëtica Stromata, 12. 1648.
Anacreontis & Saphonis carmina, le Févre, 12. *Saumur* 1660.
Bucanani Poëmata, 12. *Amstelodami* 1641.
Epigrammata Owenii, 12. *Amstelodami* 1633.
Comedia di Aretino, 12. 1588.
Notæ in Terentium Fabri, 12. *Salmurii* 1671.
Horatius Fabri, 12. *Salmurii* 1671.
Il Dante, 12. *Lyon, Roüille* 1552.
Martialis Farnabii, 12. *Blaeu* 1644.
Epigrammatum delectus, 12. *Paris, Savreux* 1659.
Ovidii Farnabii Metamorphosis, 12. *Amstelodami* 1639.
Aurati Triumphales & Sannazar, 12. *Roberti, Stephani* 1527.
Jacobi Wallii Poëmata, 12. *Plantin* 1657.
Aurelii Prudentii opera Heinsii, 12. *Elzevir* 1667.

HUMANISTES ANGLOIS in 12. 16. & 24.

Dictionnary or an expositor by Gem, 12. *London* 1632.
Vallis Grammatica Anglicana, 12.
Religio Stoici, 12. *Edembourg* 1665.
Hobes de corpore Politico, 12. *London* 1650.
Amoris effigies Jonsoni, 16. *Londini* 1668.
Reliquiæ Vottonianæ, 12. *London* 1651.
Tachy-Graphy by Schelton, 12. *London* 1660.
Hobes Rudimens Philosophicall.
Essayes by William Cornwallies, 12. *London* 1632.
A Womans Woorth deffended, 12. *London* 1599.
Philips Purchaseri Patteron, 12. *London* 1667.
Meriton à Guide for constables, 12. *London* 1671.
Remains of Sirwalter Raleigh, 12. *London* 1661.
Aduice to a son, 12. *Oxfordt* 1656.
A Guide to Heauen from the Word, 16. *London* 1667.
Ovids Metamorphosis, 12. *London* 1638.
Madagascar Poesms, by Davenant, 12. *London* 1648.

Quinze Pacquets de feüilles volantes curieuses.

Fin du Catalogue des Livres de feu Mr Briot.

www.ingramcontent.com/pod-product-compliance
Lightning Source LLC
LaVergne TN
LVHW050649090426
835512LV00007B/1110